JN440010

전전반측(輾轉反側)

정계순 글

최숙미 엮음

전전반측(輾轉反側)

초판 1쇄 인쇄 | 2021년 12월 15일
지은이 | 정계순(최숙미 엮음)
펴낸이 | 이재욱(필명:이승훈)
펴낸곳 | 해드림출판사
주 소 | 서울 영등포구 경인로82길 3-4(문래동1가 39)
센터플러스빌딩 1004호(07371)
전 화 | 02-2612-5552
팩 스 | 02-2688-5568
E-mail | jlee5059@hanmail.net

등록번호 제2013-000076
등록일자 2008년 9월 29일

ISBN 979-11-5634-489-6

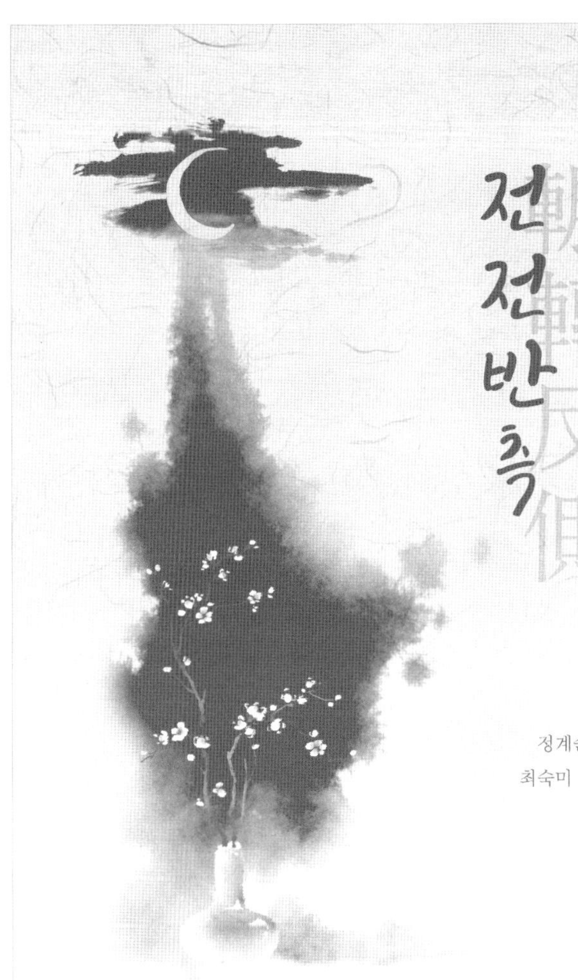

전전반측 輾轉反側

정계순 글
최숙미 엮음

해드림출판사

책을 엮으며

아버지 어머니 영전에
이 책을 바칩니다!

올 굵은 석새삼베치마 어머니 시름 내 심정 긴 이랑에 뿌려 놓고
종소리 나도록 지붕에 올라 박꽃으로 핍니다.
한 밤을 뒤척이다 돌아눕는 베갯머리
손 시린 일생 위에 목 베이던 목숨인데 하얀 등 하나 어스름에
탑니다.

어머니의 두루마리 글 중의 일부입니다. 일제강점기에 학교를 못 다니고 외할아버지 사랑채에서 익힌 언문이 다였지만 어머니는 분명 문장가십니다. 세로로 흘려 쓴 단어마다 문학적인 언어들이 수를 놓고 향기를 품기어 규방가사로서 손색이 없을 성 싶습니다.

어머니 소천하시고 내게 주어진 몫이 두루마리를 책으로 엮는 일이었습니다. 한지가 부족해선지 세로로 쓴 글 위로도 여백 없이 촘촘히 써내려갔습니다. 질 나쁜 한지가 오래되고 낡아 테이프로 붙여가며 겨우 문장을 이었습니다. 붓으로 쓴 글도 있지만 시중에 파는 사인펜을 사용하여 쓴 글에 물이 묻어 지워진 부분은 비워 두었습니다.

어머니가 상기하여 써내려 간 글이다 보니 참고 자료가 없어 고어에 막히고 소리 나는 대로 쓴 글과 경상도 사투리까지 해석하느라 전전긍긍했습니다. 고어는 사전에서 알아내기도 했지만 친정 식구들의 식견을 다 동원해도 쉽지 않은 작업이었습니다. 어머니 소천 하시고 여러 미련이 남았지만 두루마리 글을 생전에 옮겨놓지 못한 것이 가장 아쉽습니다.

농사일에 지쳐 쓰러질 만도 한데 틈만 나면 머리맡의 한지에 글을 쓰시곤 했습니다. 어머니의 글에 무심한 자식들은 좋은 한지 붓 하나 사드릴 생각을 못했으니 불효막심합니다. 나도 늦깎이 작가가 되고 보니 어머니의 글이 얼마나 귀한지를 알았고, 어머니가 문학에 열정이 얼마나 컸던가를 깨달았을 때는 이미 정신이 혼미한 때였으니 꿈에라도 오시면 어머니의 문학에 대한 열정을 존경한다고 고백하고 싶습니다.

어머니의 글에 나오는 전전반측(輾轉反側)에 오래 머물렀습니다. 바라만 봐도 흐뭇한 장녀 출가시켜 자식 넷에 어우렁더우렁 잘 살 줄 알았건만 젊은 나이에 남편을 잃고 설워하는 장녀 생각에 전전반측할 때마다 글을 쓰신 듯합니다. 병환 중에 있는 우리 현서, 고풍참알채*라고 하급관리들도 사오번이나 간다는데 장모가 뭐가 해롭다고. 눈 떠 있을 때 못가 본 게 철천지한이랍니다.

유난히 꽃을 잘 가꾸셨던 어머니는 글 속에도 계절마다 꽃이 피었습니다. 자주색 노란색 국화는 이미 찾아왔건만 흰 이슬과 단풍은 그늘을 바꾸지 않았다고 하십니다. 동지섣달

* 고풍참알채 : 조선 시대 옛 관습에 따라 새로 임명된 중하급 관리들이 상급 관아를 인사차 찾아가 소속 관원에게 바치던 돈이나 물품

동백은 초록잎 속 홍색 꽃이 곱다고. 어느 글엔 오랜만에 서로 만나 달을 베고 잠이 들었답니다. 외조부님 사랑채에서 읽었을 심청전과 이항복은 대화체를 섞은 감정 선이 얼마나 소상한지 단편소설을 읽는 듯합니다. 청이의 효심에 눈물을 섞고 눈치 없는 심봉사 말에 혀를 차며 글을 쓴 듯합니다.

일제강점기에 일본으로 징용 간 아버지를 기다리며 얼마나 많은 세월을 전전반측했을지. 해방 후엔 몇 가호 되지도 않는 동네에 공산당 바람이 불어 글께나 읽은 젊은 사람들은 죄다 공산당원이 되었답니다. 6.25가 끝나고 몇 사람들은 이북으로 가고 아버지는 숨어서 지내는데 가족들이 경찰서로 끌려가 고초당한 일은 차마 글로도 말로도 할 수 없다 하시던 어머니. 에둘러 쓴 부분이 있긴 하지만 수치와 수모마저 입을 닫고 가셨기에 전전반측한 어머니의 인생이 너무도 측은합니다. 아버지는 가족들의 고통을 외면할 수 없어 자수하여 마산 형무소에서 형을 마치셨습니다. 고문 탓인지 온몸이 진창이 되어 평생 약골로 사시다가 소천 하셨는데 먼저 가신 아버지를 그리는 사부곡이 절절합니다. '자기는 글로 쓰고 나는 먹물 갈고 그렇게 살았는데 내가 글을 쓸 때 먹 갈아주지 않고 어찌 후세상을 가버리었냐'고 묻습니다.

아버지가 소천하신 후 적적할 적마다 글을 쓰는 날이 늘었을 성 싶습니다. 동지섣달 긴긴밤에 외로우면 외롭다 글을 쓰고 그리우면 그립다 글을 쓰신 듯합니다. 다리 아파 마실도 못가시니 무릎걸음으로 마루에 나앉아 담장너머 오가는 이 바라보다가 밤새 쓴 글을 읽으며 무료함과 외로움을 덜지 않았을까요. 85세에 쓴 글은 어느 청상과부의 인생을 음률에 맞춰 그림처럼 그렸습니다. 흐름이 유연하고 문장마다 애조가 진합니다.

책을 보고 쓰는 모습을 뵌 적이 없었기에 어머니의 기억력과 식견과 문장력에 감탄이 절로 납니다. 어머니 생전에 국문과에 다니는 사촌 오빠가 가져간 두루마리는 얼마나 돌려봤는지 반년 만에 너덜너덜해져 돌아왔답니다. 이웃동네 아낙이 두루마리 한 편을 빌려가서는 갖다 주지 않아 아픈 다리를 절며 찾아왔노라고 당신의 글에 애착을 보이셨습니다. 동네 어르신들은 당신들 살아생전에 책으로 나온 어머니 글을 볼 수 있게 해달라고 재촉이십니다.

더러는 분실되기도 했다는데 남겨진 두루마리가 책 한 권을 엮을 만큼입니다. 골골 팔십이셨지만 어머니의 인생이 묵향처럼 은은합니다. 소천하신지 몇 년 만에 책을 엮을 준비를 하니 후회와 아쉬움과 죄송함이 앞섭니다. 우리 육남매 모두 어머니의 유전자를 닮아 문학성이 있습니다. 그중에 큰 언니와 제가 문학을 합니다. 이제는 저도 전전반측할 적마다 글을 쓴 어머니의 행복을 조금은 알 것 같습니다.

88세에 운명하셨는데 사라질 듯 기어가는 글씨체로 내게

남긴 쪽지 한 장이 마지막 글이 되었습니다. '숙미야 면느리 상구달인대 내가 눈을 감그들날 봉기 오지마라 느으식구 다 오지마라' 우리 며느리 산고달인데 혹여 부정이라도 탈세라 당신 장례에는 손자도 우리 식구도 오지 말라 하십니다. 펜 잡을 힘도 없는 손으로 이별을 고한 어머니의 글씨는 볼 때마다 목이 멥니다. 두루마리 글 뭉치에 어머니 마지막 쪽지 글도 넣으려 합니다. 전전반측한 인생을 사셨지만 두루마리 글을 쓰시며 행복해하셨을 어머니 존경하고 사랑합니다.

정형화되지 않은 두루마리 글을 편집하느라 수고를 아끼지 않으신 해드림출판사 대표님과 직원들께 깊이 감사를 드립니다.

육남매가 뜻을 모아 어머니의 두루마리 글을 책으로 엮습니다. 글을 쓰시며 행복해하셨을 어머니만큼 행복해하며 아버지 어머니 영전에 이 책을 바칩니다.

셋째딸 최숙미 드림

목차

10~14

1~5

공중에 뜬 구름 같은
내 마음이 천방치축 세월
갓구나 홀노게 신부모 하고
어린 자식 사나매 하고 허둥
지동산이라고 가는 세월 몰나
구나 삿철 조흔 동백입괴
한쭉은 충충 낙엽이 구나
동서남북 여행 가고 호 호회
호사 잘 노는데 놀고나모 허망한
마암 그만이구나

1.

공중에 뜬구름 같은 내 마음이 천방지축 허둥댄 세월 같구나.

홀로 계신 부친과 어린 자식 사남매와 허둥지둥 사느라 가는 세월 몰랐구나.

사철 좋은 동백 잎이 한쪽은 추풍낙엽이구나.

동서남북 여행가고 호의호식 잘 노는데 놀고 나면 허망한 마음 그만이구나.

오니 한팔곳으로 해를 쫒아 돌련나 듯
장숲처럼 덩호아 오르는 비알밭 잔돌 골라 한뼘 땅
고추밭 물 가꾸시던 어메니 그 정성 곱게 익어서 산략
도합니다 바람이 밀어올린 청하늘 별한에서
쏟아져 내린 햇살 열매마다 알물 넣고 장잠리
나래 끝에서 낙엽 한 잎 떨어진다
자주색 보랄 색 국화를 이미 왔거갈 회
이슬과 당릉은 그늘은 바꾸지 않았네

흐린 여러날 동안 당신을 못뵈온채 주루주룩
비가 내리고 온몸이 젖었는데 또 마음은 떠돌어
구름도 라울 모릅니다 나는 당신을 잊어도 당
신 계선 날을 못 잊어 하늘 밖 땅 끝까지도 지켜보고
계시면서 언젠간 돌아올 날의 그 기약의 목멥니다
천둥 치고 벼락 때려도 놀랄 줄 모르던 내 가문
두어날 밤 밝혀 드는 말씀으로 오는 당신을
따라 지친 발길 옵니다 "바람 따라 구름 보내고
새하늘 밝힌 후에 당신은 그 옛처럼 미소지어 반기

싸가대 들고 예날에는 어는 곳에도 손님이 많날
수 없엇는데 머리 꼴을 둠글고 기름 둥장 모옷
심지은 탓는데 심쳐지의 실은 짧라 저도 불빛은
、더욱 오래 새롭네.
살은 점점 붉게 물들고 눈길은 루르고자 하며
지난해 화초는 다시 나게 루릇한데 고름의 사
랑들 발자취는 모두 다하고 앉버는데 봄을 맞아
쓸데 없이 세상사정을 느께네 할편 하네

그늘져있다 기러기들 강물에 그림자
지나는 손나 바라보고 잉어가 바람에 뛰어
오르니 바다 가을이 깊었네
넙새가 나서 보물이 아니나 밖을 발해서 보물
인데 불의 정신이 물을 높히 이기구나 이
슬 같은 모양새를 내고 때때로 번쩍 불처럼 번
쩍이며 불타 불빛이 달과 함께 떠 물에 방
새새벽까지 비치네 온 세상에 널리 퍼져 타는 장

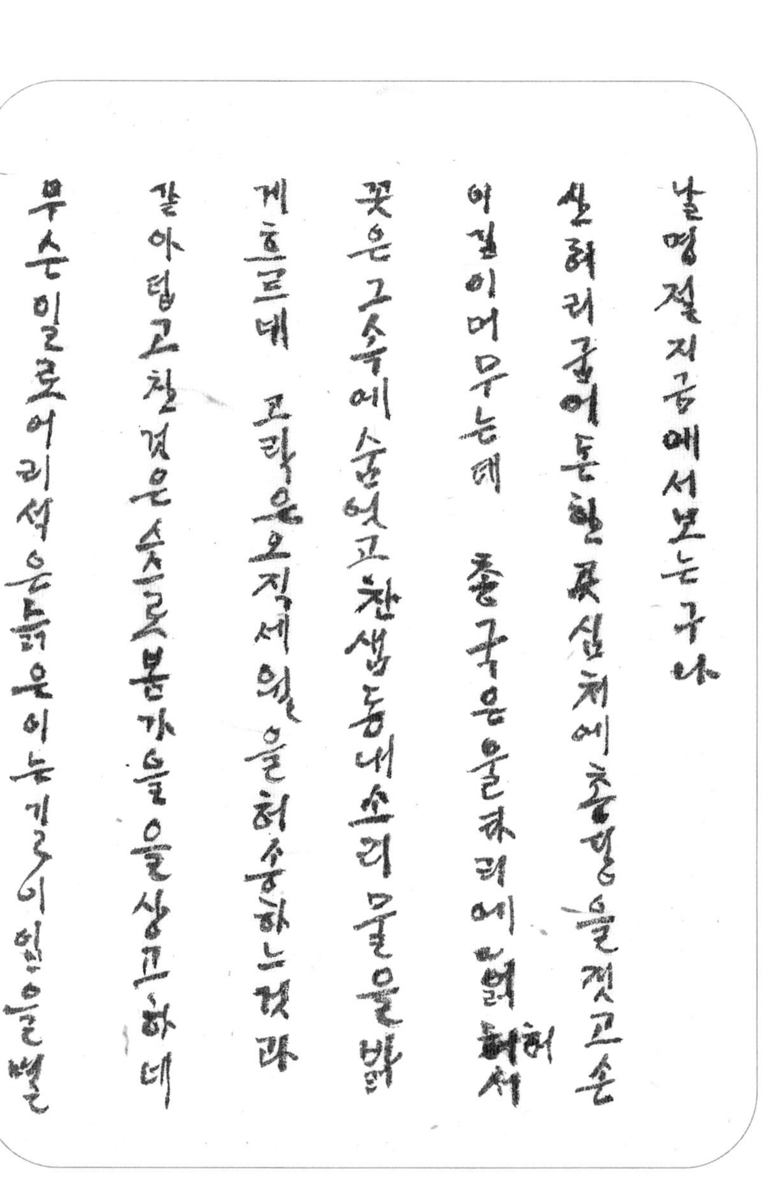

날명절지금에서보는구나
살려리궁에돈할곳십처에좋당을켓고손
이길이머무는데 좋국은울타리에떨어해서
꽃은그속에숨어있고찬샘동네소리물을밝
게흐르네 고락은오직세월을허송하는것과
같아덥고찰것은스스로본가을을상고하데
무슨일로어리석은늙은이는기롱이임을벨

바야닷가 산에서 잔들고 같이 서록하니 하늘은
멀리 푸르고 찬데 사람들은 새무덤에 곡하고
손은 난간위에 왔구나 해질때까지 불을 붙
하여 아침에 불씨를 내던졌고 어제 밤 지은 밥
이 오늘 낮에 상에 올라 실 같은 국수를 드리니
정기가 무덤에서 소생하고 꽃향기를 후기할
줄길 여지가 없어 아름다운 난초에 싸여 돋네
막걸리 초주 석잔 개자 후추를 뿌려 일천봄

명저곳의 대밭숲에 있데 산넘고 물건너
왓덧갈 돌아가는데 꽃잎날고 세월
어근실하는 기색이 절어지구나
석새삼배치마 을굵은 어머니 서름내 십전간
이랑에 뿌려 놓는 종소리 내도롯 저봉에 울나
박곳으로 훼헤펼니다 할방을 뒤척이다 돌파
늙는 베갯머리 손시린 일생위에 목메이던 부
부숨인데 동하하안동하나 어숲스름에
합니다

리나입을멀리나 꽃으며닯이없이이어싶처에

서노니네 질쉰을늣게사삼아신으니햇살

이개엿네냉룸점은차마떠나는손을고냥보

낼수없엇구나 산낭쪽은게수나무피고

누가머문다고약속햇는데위수의북쪽에

버들이푸르러손이술잔을내미려네 군햇

의집은전실로어느쪽에버들이잇는고내집은

진실로어는쪽에버들이잆고내집은봄

2.

흐린 여러 날 동안 당신을 못 뵈올 제 주룩주룩 비가 내리고 온몸이 젖었는데도 마음은 떠돌이 구름 돌아올 줄 모릅니다.
나는 당신을 잊어도 당신께선 나를 못 잊어 하늘 밖 땅끝까지도 지켜보고 계시면서 언젠간 돌아올 날의 그 기약에 목맵니다.
천둥치고 벼락 때려도 놀랄 줄 모르던 내가 문득 어느 날 밤 밝혀 듣는 말씀으로 오늘은 당신을 따라 지친 발길 옮깁니다.
바람 따라 구름 보내고 새 하늘 밝힌 후에 당신은 그 옛날처럼 미소 지어 반기오니 한낮 꽃으로 해를 쫓아 돌렵니다.

참숯처럼 달아오른 비탈진 밭 잔돌 골라 한 뼘 땅 고추 밭을 가꾸시던 어머니 그 정성 곱게 일어 서산 낙도도 탑니다.
바람이 밀어올린 청 하늘, 별빛에서 쏟아져 내린 햇살 열매마다 단물 넣고 잠자리 나래 끝에서 낙엽 한 잎 떨어 진다.

자주색 노란색 국화는 이미 왔건만 흰 이슬과 단풍은 그늘을 바꾸지 않았네. 그늘져 있다.
기러기들 강물에 그림자 지나는 손님 바라보고 잉어가 바람에 뛰어오르니 바다 가을이 깊었네.

냄새가 나서 보물이 아니나 빛을 발해서 보물인데 불의 정신이 물을 능히 이기구나.
이슬 같은 모양새를 내고 때때로 번갯불처럼 번쩍이며 불타 불빛이 달과 함께 머물러 밤새 새벽까지 비치네.
온 세상에 널리 퍼져 파는 장사가 떠들고 옛날에는 어느 곳에도 손님이 만날 수 없었는데 머리 끝은 둥글고 기름 등잔 모 옷 심지는 타고 심지의 실은 잘라져도 불빛은 더욱 오래 새롭네.

산은 점점 붉게 물들고 들판은 푸르고자 하며 지난해 화초는 다시 나서 푸릇한데 고금의 사람들 발자취는 모두 다하고 없는데 봄을 알아 쓸데없이 세상사정을 느끼네.

한탄하네.

바닷가 산에서 잔 들고 깊이 시름하니 하늘은 멀리 푸르고 찬데 사람들은 새 무덤에 곡하고 손은 난간위에 있구나.

해질 때까지 불을 금하여 아침에 불씨를 내던졌고 어젯밤 지은 밥이 오늘 낮에 상에 올라 실 같은 국수를 드리니 정기가 무덤에서 소생하고 꽃향기를 투기하고 즐길 여지가 있어 아름다운 난초에 싹이 돋네.

막걸리초 주석잔 계자후추를 불려 일천 봄날 명절 지금에서 보는구나.

산허리 굽어 돈 한 곳 심처에 초당을 짓고 손이 길이 머무는데 총국은 울타리에 얽혀서 꽃은 그 속에 숨었고 찬샘 동네 물소리는 밝게 흐르네.

고락은 오직 세월을 허송하는 것과 같아 덥고 찬 것은 스스로 봄가을을 상고하네.

무슨 일로 어리석은 늙은이는 길이 입을 벌리나, 웃으며 답이 없이 이 심처에서 노니네.

짚신을 늦게 삼아 신으니 햇살이 개었네.

남은 정은 차마 떠나는 손을 그냥 보낼 수 없었구나.

산 남쪽은 계수나무 피고 누가 머문다고 약속했는데 위

수의 북쪽에 버들이 푸르러 손이 술잔을 내미네.
군 벗의 집은 진실로 어느 쪽에 버들이 있는고 내 집은 분명 저곳의 대밭 속에 있네.
산 넘고 물 건너 왔던 길 돌아가는데 꽃잎 날고 세월에 근심하는 기색이 짙어지구나.

석새삼베치마 올 굵은 어머니 시름, 내 심정 긴 이랑에 뿌려 놓고 종소리 나도록 지붕에 올라 박꽃으로 핍니다.
한 밤을 뒤척이다 돌아눕는 베갯머리 손 시린 일생 위에 목 메이던 목숨인데 하얀 등 하나 어스름에 탑니다.

꽃을 대하니 매갈은 곧은 마음을 저버리네 술잔을
나누는 버룻을 고치 꽈기 어려워라 누가 능히 어진이가
사는 집을 길지라 하나 두려운 듯 공평히 몸을 가지니
하늘 번개 소리) 하늘의 경고 들리고 봄나무에 꽃을
한가로히 반온이고 받은 떨어져 이언덕에서 서 영화와
근심은 생각케 흔해네 봄빛이 양지 바른 매화나무
애연제당 도해 외로운 산숲에서 좋은 씨를 맺어다 심었
다네 세상에 나와서 호걸스런 선배의 술상에 참

외죠부지연글

달빛은 은은하고 오동잎 흩뿌리며 귀뚜라미
우는 가을 군을 그리며 이밤 일천변이나 생각
하였네 꿈속에나 강하게 청히서 마음으로 무정타
고 번뵈하매 흐느껴 눈물 흘려 어재 내가 환배선 지여
신고 그대 자치 쫓아 가나 자식 손에 지은 새 옷을 따시
는구 할수 없네 살고 죽는 이별에서 로를 그리는 곳
조 옛부터 몇몇이나 이 수심을 못 벗어났나
할가 한 바라고 과 때마 취달 메서 창가매 할에 가기 대여
보니 외로운 산을 닮은 처하지 못 심어 하지 않네 잠시

왔갔으니 三56.을 마네 이슬미 속이 멀훈고기더
기 돌아올 날을 기약하네 돌아 날아서 구름따라
떠나가버리지 마오 천지간에 마음을 탈 벗을 만나기
떠러우니 고금에 역사랑이나 이런 일곳 헛되이 세월
을 보냈을고 봄을 갈생코자 지핑이에 나막신신고
삼림을 나오니 해떤가 남쪽길 따라 노닐다 더 움깃이
들어가 솔숲 보내고 수심은 젓어 저내는 길■에 들어
술이 없으니 마치 속마음 깊대 아쌈에 돌에 내보이는 것
갈네 부끄럽다 늙은 나무 바위 삼봉우래에 아저랑이

석기어렵고 산속에 들에와서 고인 친구의 술잔
에 취하지 마오 농사에는 새희아 참눈이 이롭거
앉아 갈밭의 우뢰소리에 비오나 장차 싹이 트리
고 하네 남향에 좇은 물건을 매화 갖추어서 절
빤운 갈호에 삼고 절받은 살연댁에 살빠네
산속에 들어 수심에 쌓여 즐거운때 없어 가었세 손을
길은 숲에서 이별하나 달빛도 같이 도려웠구나 조각
말로 ㅅㅅ을 새롯히 논설하고 밑어 한번 친히 옛벗

버들나무가지와 담장아래 뽕나무를 짜르지마라고
꽃을 찾아 한가한 곳에 깊히 처해서 사나이어려
썩은사람이 장시 머물려 근심에 였네
구름같은 꿈속에 오고가는 다소간의 관심뿐
이고서비와 떠드는 소리는 물소리에 흘려보네
고개마루 달파 산위에 해를보고 낫파 밤을
알고 정원의 매화와 울타리 국화는 추추 고물세
월기못하네 누가 능히 나를 불러 몽류객을
불잡고 문듯 땅과 하늘을 바라보니 조용함 속에

쌍이고 거친대울타리에 비떨어지는 소리 들리네 끊어

질듯 끊어질듯 돌아올기약은 이같이 늦어지는데시

추추 5 8을 헤서 ?시읍으네

멀리 강남으로 걸으니 꽃다운 푸른 풀은 무성해 밥을

새워 뜰에 어못울 빗기는 정경을 같이 감상하네 돌

아온후 천리를 떨어져서로를 사모해서 정다운장

차 반달에 실어보내네 송제상장에서 지난날

서별 헤일때와 같이 갈래인가을 물어이 다시 옷깃을

적시네 떠날에 앉서 아이 불러 금향을 훈계하고 또

에서 노니네 옥녀봉에 억지로 오르니 사방에 보이는
것이 똑같해 산능선 구불구불 마치 한 마리 용이
바다를 감돌라 통하고 번데기 같은 섬들이 흩어져
아름다우니 아직도 지세가 남았네 촉석이 층층이
서서 하늘곳 곧 높여 쌓아올렸네 마치 삼신산은 반쯤
떨어져 멀리 하늘 밖에 떠있고 크고나 두줄기 강물
을 배로주를 끼고 흐르네 지난 날 나라가 어디서 있었는지

노닐고 있구나 산허리 굽어돈 한곳십리지에 초
막을 짓고 손니 깊이 머무는데 층층은 울타리에
얽혀서 꽃은 그속에 숨었고 참새 동내소리 울은
밖에 술 얻고 참샘 동내소리 물은 맑게 흐르데
고락은 오직 세월을 허송하는 것과 같아 덜고 찰 것은
스스로 봄가을 생각하네 무슨 일로 어디서 온 늙은
이는 길이 입을 벌리나 웃으며 답이 없이 5秋오 이 십년처

3. 외조부 지은 글

달빛은 은은하고 오동잎 흩뿌리며 귀뚜라미 우는 가을 군을 그리며 이 밤 일천 번이나 생각하네.
꿈속에나 강하게 청해서 마음으로 무정타고 번뇌하며 흐느껴 눈물 흘려 어찌 내가 흰 버선 지어 신고 그대 자취 좇아가나.
자식 손에 지은 새 옷을 다시는 구할 수 없네.
살고 죽는 이별에 서로를 그리는 곡조 예부터 몇몇이나 이 수심을 못 벗어났나.

한가한 바람과 때맞춰 달떠서 창가 매화에 가 기대어 보니 외로운 산은 붉은 칠하기도 싫어 하지 않네.
잠시 꽃을 대하니 대 같은 곧은 마음을 저버리네 술잔을

나누는 버릇을 고치기 어려워라.
누가 능히 어진 이가 사는 집을 가질라 하나.
두려운 듯 공경히 몸을 가지니 하늘 번개소리 하늘의 경고 들리고 봄 나무에 꽃은 한가로이 반은 피고 반은 떨어져 이 언덕에 서서 영화와 근심을 생각케 하네.
봄볕이 양지바른 매화나무에 먼저 당도해 외로운 산속에서 좋은 씨를 얻어다 심었다네.
세상에 나와서 호걸스런 선비의 술상에 참석키 어렵고 산속에 들어와서 고인 친구의 술잔에 취하지 마오.
농사에는 새해 아침 눈이 이롭지 않아 간밤에 우렛소리에 비 오니 장차 싹이 트려고 하네.
남향에 좋은 물건을 매 와 감추어서 절반은 강호에 심고 절반은 산언덕에 심네.

산속에 들어 수심에 쌓여 즐거운 때 없어.
가없이 손을 깊은 숲에서 이별하니 달빛도 같이 드리웠구나.
조각말로 5, 5를 새로이 논설하고 밀어 한번 친 후에 벗과 같으니 3, 5, 6을 아네.
이슬비속 이별하고 기러기 돌아올 날을 기약하네.
돌아날아서 구름 따라 떠나가 버리지 마오.
천지간에 마음을 한 벗을 만나기 어려우니 고금에 몇 사람이나 이런 일로 헛되이 세월을 보냈을꼬.
봄을 감상코자 지팡이에 나막신 신고 사립을 나오니 해변가 남쪽 길 따라 노닐다 더욱 깊이 들어가 손을 보내고 수심은 질어 지나는 길에 들어 술이 없으니 마치 속마음 빗대어 맘을 드러내 보이는 것 같네. 부끄럽다.
늙은 나무 바위산 봉우리에 아지랑이 쌓이고 거친 대 울타리에 비 떨어지는 소리 들리네.
끊어질 듯 끊어질 듯 돌아 올 기약은 이같이 늦어지는데 시축 5, 8을 펴서 다시 읊으네.

멀리 강남으로 걸으니 꽃다운 푸른 풀 무성해 밤을 새워 달이 못을 빗기는 정경을 같이 감상하네.
돌아온 후 천리를 떨어져 서로를 사모해서 정다운 장차 반달에 실어 보내네.
송계산장에서 지난날 석별했던 때와 같이 갈대와 가을물이 다시 옷깃을 적시네.
떠남에 있어 아이 불러 근황을 훈계하고 또 버들나무가지와 담장아래 뽕나무를 자르지 말라하고 꽃을 찾아 한가한 곳에 깊이 처해서 사니 어리석은 사람이 잠시 머물러 근심이 없네.

구름 같은 꿈속에 오고가는 다소간의 관심뿐이고 시비

와 떠드는 소리는 물소리에 흘러 보내네.
고갯마루 달과 산 위에 해를 보고 낮과 밤을 알고 정원의 매화와 울타리 국화는 춘추의 세월을 기록하네.
누가 능히 나를 불러 풍류객을 붙잡고 둔덕의 땅과 하늘을 바라보니 조용함 속에 노닐고 있구나.

산허리 굽어 돈 한곳 심처에 초당을 짓고 손이 깊이 머무는데 총국은 울타리에 얽혀서 꽃은 그 속에 숨었고 참샘 동네 물소리는 밝게 흐르네.
고락은 오직 세월을 허송하는 것과 같아 덥고 찬 것은 스스로 봄가을 상고하네.
무슨 일로 어리석은 늙은이는 길이 입을 벌리나.
웃으며 답이 없이 5, 2 심처에서 노니네.
옥녀봉에 억지로 오르니 사방에 보이는 것이 똑같아 산은 선 구불구불 마치 한 마리 용이 바다를 감돌아 통하고 번데기 같은 섬들이 흩어져 아름다우니 아직도 지세가 남았네.
촉석이 총총히 서서 하늘로 공들어 쌓아올렸네. 마치 산은 반쯤 떨어져 멀리 하늘밖에 떠 있고 크고나. 두 줄기 강물은 배로 주를 끼고 흐르네.
지난날 나라가 어디서 있었는지.

몃몃이나 이 수심을 못벗낫나

정월보름밤 송죽풍을 듣다

2

찬바람은 높은 소나무와 대나무가지
에불고 비소리도 소소하게 들려오구나 망월
대보름 달은 엄동의 빼어나 신령스런 고개마루를
괴롭게 넘는데 잔엽 서릿발위 험한길을 저나니
어룬꽃이 곁에 잇네
망월은 늦겨 오고 밤잠은 빨리 와서 닭소리 들때

일

김영 김시 외조부 지은글

달빛은 은은하고 오동잎 흩뿌리며 귀두[illegible]라미
우는 가을 군을 그리며 이밤 일천번이나
생각하네 꿈속에나 강하게 청해서 마음으로
무정하고 번뇌하며 흐느께 눈물 흘[illegible]려
어찌 내가 흰번선 지어신고 그대 자취 쫓아가나
자식손에 지은 새옷을 다시는 구할 수 없네
살고죽는 이별에 서로를 그리는 목조 옛부터

해를 보고 낮과 밤을
알고 정원의 매화와 울타리 국화는 춘추
를 세월 기루하네 누가 눈히 나를
불러 동류객을 불잡고 문득 땅과 하늘을
바라보니 조용함 속에 노닐고 잇구나
끝은 덴덴히 동서로 뗄어져 날으고 푸른
가지 파리한 뼈대는 붉은 미색을 잆네
아침나절 비바람 어지러워 꽃질가 두려워

으메 새벽에 일어나니 아침이 더디게 기다려지네

사랑하는 벗이 여기와서 놓은 절개를 지키는데

가이 한스럽구나 사람마음 일시에 변하니

3

꽃을 차아 한가한 곳에 깊히 처해서 산나

어리석은 사람이 잡지 머물려 근심이 없네

구름같은 꿈속에 오고가는 다소간의 관심뿐이고

시비와 떠드는 소리 물소리에 흘려보내네

고개맞 루 달과 산위에 해를 보고 낮과 밤을

알고 정원의 [illegible]

젊고 어두운 밤 어지러운 바람에 꽃향기가
퍼져가네 일년중 봄날은 거듭 오지 않이
하고 백세의 늙은 사람은 젊음이 다시
오지 않는구나 너와 더불어 슬픈 상심으로
이별하고 돌아서 버들 그늘 아래 꽃다운
풀을 밟으며 걸어 오네
외조부 지은 글 외손여가 써본니 손이 떨이
엿던구나

4. 김영 김씨 외조부 지은 글

1)

달빛은 은은하고 오동잎 흩뿌리며 귀뚜라미 우는 가을.
군을 그리며 이 밤 일천 번이나 생각하네.
꿈속에나 강하게 청해서 마음으로 무정타고 번뇌하며 흐느껴 눈물 흘려 어찌 내가 흰 버선 지어 신고 그대 자취 쫓아가나.
자식 손에 지은 새 옷을 다시는 구할 수 없네.
살고 죽은 이별에 서로를 그리는 곡조 예부터 몇몇이나 이 수심을 못 벗어났나.

2) 정월보름밤 송죽 풍을 듣다

찬바람은 높은 소나무와 대나무 가지에 불고 빗소리도 소소하게 들려 오구나.
망월 대보름달은 엄동에 빼어나 신령스런 고갯마루를 괴롭게 넘는데 잔영 서릿발의 험한 길을 걷나니 얼음 못이 곁에 있네.
망월은 늦게 오고 밤잠은 빨리 와서 닭소리 들으며 새벽에 일어나니 아침이 더디게 기다려지네.
사랑하는 벗이 여기 와서 높은 절개를 지키는데 가히 한스럽구나.
사람 마음 일시에 변하니.

3)

못을 찾아 한가한 곳에 깊이 처해서 사니 어리석은 사람이 잠시 머물러 근심이 없네.
구름 같은 꿈속에 오고가는 다소간의 관심뿐이고 시비와 떠드는 소리 물소리에 흘려보네.
고갯마루 달과 산 위에 해를 보고 낮과 밤을 알고 정원의 매화와 울타리 국화는 춘추의 세월을 기록하네.
누가 능히 나를 불러 풍류객을 붙잡고 문득 땅과 하늘을 바라보니 조용함 속에 노닐고 있구나.

4)

꽃은 편편히 동서로 떨어져 날으고 푸른 가지 파리한 빼대는 붉은 피색을 입네.

아침나절 비바람 어지러워 꽃 질까 두려워지고 어두운 밤 어지러운 바람에 꽃향기가 펴져가네.

일 년 중 봄날은 거듭 오지 아니하고 백세의 늙은 사람은 젊음이 다시 오지 않는구나.

너와 더불어 슬픈 상심으로 이별하고 돌아서 버들 그늘 아래 꽃다운 풀을 밟으며 걸어오네.

외조부 지은 글 외손녀가 써보니 손이 떨리더구나.

잘잘아 는대 평생이 얼굴데고 왼는고로 못보
고 꽃대가서는 후세상 가버렸소 자기는 잘
간는대 반신불수 이내몸은 무슨수명이리
진고 너무말 잘 못듣고 도라스모 한심하네
그러나 내운명이 그거분인대 빗죠은 개살구구하
넌보기는 멀직한데 오리질노 거러보모 한심할꾼
눈물나네 지난일노 생각하모 자기잘가

나으 소설이라

이산전에 서로만나 잘살기라 바래는데
대난대 엿는날손님이 오면이 하는말이자기
는부부간에 수화상각만나 평상에 고생이란(하든고)
절멸때는 외사로 드러든어 지난세월 닷고
본니 그말이 길든이구나 할평생사는세월
죽을고비 구비 그리만튼고 두리서로 깃든
줄모른고 제월 가네 자석은 이남사녀가

갈고 그거시사는기든고 나는글노써보모 먹가라

안주고 후세상을 가버리잇소

자기는어더겹겹어둔방에 홀노계시는고 나는일월굿든

조운집에 호와롭기 잘사는대 자기는 청국으로 잘갓소

못친이 자석어 대히서 지운글 협철할

우리장예 김히히시 조은가문 출가싯키

이남 이예 잘두어는대 모진노모 시집사리

는대 아들딸 육남매를 체려보모 멋해너
이신모시루고 골멀에서는 울이장소리곳모
두어리는 맏근예고 사는세월 봉사기름 갈시카
앗패가신 가군임은 무량대복이라
봉사가 불서주모 무신소양
동지섯달 진진밤에 지난역사 생각하모 어넛듯
세월 간놓고 오만기 생각나네 자기는 글노싸고 나는 먹음

희롱다고 눈떠이슬대몬가 본기 철전지한이
구나 혈덕할 우리 허실 엇자다가 기러기가
작을 이러는고 자식사날매를 혼자 맥기두고
조은 경사 날대 마당 중심 기둥 우리 허실
넌보는대 호런은 알뢰도 속으로는 술프고나
소용엾는 못친 마암 쟁각할수 마암 앗후구나
할현을 생각 하모 내자식은 조은 경사 보느

물곡에 돌곡에 구비구비 사는세월 그리 엄하
듣고 심중 깃둔 우리 허실 께대 죠은
우리 현서 쌍쌍이 오고가고 뗀기 는대 앗울
보모 받갖고 뒷모숲을 보모 불길 갖흔
즈으 부모 자식 중할줄 모리든고 그대한
우리 현서 우옌이 뼁이드려 백양이 허사 구나
이전 교통 찬이라고 사오벌나는대 장모가모

마는 훈적엣넌 우리 허균 몬실·노모 장이
깃리들어 자석 갱사를 모리는고 애중한
자식들 잘크는대 솔예달 재롱 지이는거
저하에서 잘아는가
기우지라 각거 될낭 처자 자석 잘살리게

5.

1) 나의 소설이라

이십 전에 서로 만나 잘 살 거라 바랐는데 어느 날 스님이 오더니 하는 말이 자기는 부부간에 수화상극(水火相剋) 만나 평생에 고생이라.

젊을 때는 예사로 들리더니 지난 세월 돌아보니 그 말이 그림이구나.

한평생 사는 세월 죽을 고비 구비 그리 많던고 둘이 서로 기쁜 줄 모르고 세월 갔네.

자식은 이남사녀가 잘 자라는데 평생에 얼굴대고 있는 모습을 못보고 끝에 가서는 후세상 가버렸소.

자기는 잘 갔는데 반신불수 이내 몸은 무슨 수명 이리 긴고.

남의 말 잘 못 듣고 돌아서면 한심하네.
그러나 내 운명이 그것뿐인데 빛 좋은 개살구라.
남 보기는 멀쩡한데 오리걸음으로 걸어보면 한심하구나. 눈물나네.
지난 일을 생각하면 자기는 잘 갔는데 아들 딸 육남매를 쳐다보면 몇 해 더 있으면 싶고 골머리에서는 울리는 징소리 같고 두 다리는 만근이 되고 사는 세월 봉사 기름값이라.
앞에 가신 가군임은 무량대복이라.
봉사가 불러주면 무슨 소용
동지섣달 긴긴밤에 지난 역사 생각하면 어느 듯 세월 갔는고. 오만가지 생각나네.

자기는 글로 쓰고 나는 먹물 갈고 그것이 사는 기던고 나는 글로 써보면 먹 갈아 안 주고 후세상을 가버리었소.

자기는 어두컴컴한 어둔 방에 홀로 계시는고 나는 일월 같은 좋은 집에 호화롭게 잘 사는데 자기는 천국으로 잘 갔소.

2) 모친이 자식에 대해서 지은 글

훤칠한 우리 장녀 김해 허씨 좋은 가문 출가시켜 이남이녀 잘 두었는데 모진 노모 시집살이 물 곳에 돌 곳에 굽이굽이 사는 세월 그리 엄하던고.

심중 깊은 우리 허실 곁에 좋은 우리 현서 쌍쌍이 오고 가고 댕기는데 앞을 보면 밤 같고 뒷모습을 보면 불길 같은 저희 부모 자식 중한 줄 모르던고.
거대한 우리 현서 우연히 병이 들어 백약이 허사구나.
이전 고풍참알채(古風參謁債)라고 사오 번이나 가는데 장모가 뭐가 해롭다고 눈 떠 있을 때 못가 본 게 철천지 한이구나.
현덕한 우리 허실 어쩌다가 기러기가 짝을 잃었는고.
자식 사남매를 혼자 맡겨두고 좋은 경사 날 때마다 중심 깊은 우리 허실 남 보는데 표현은 안 해도 속으로는 슬프구나.
소용없는 모친 마음 생각할수록 마음 아프구나.
한편으로 생각하면 내 자식은 좋은 경사 보건마는 흔적 없는 우리 허군 무슨 놈의 잠이 깊이 들어 자식 경사를 모르는고.
애중한 자식들 잘 크는데 손녀들 재롱 짓는 걸 지하에서 잘 아는가.
기왕지사 갔거들랑 처자 자식 잘 살피게.

6~9

축복하예 우리논이 저인논고 십후고나
자떤는 이납 사빠녀 하난님이 축복하예
다잘살고 나는그고로소맨족이오 자기는 칠
신예생 사다 빨곳통옛사 잘간는대 빨노걸예
힐거엿거마는 우리기석 윤미는 크는굴바아
는대 우리석주 윤지 계오같치 가빠메고가
는보니 나는보니 호랑나비굿치 보이는대

동지섯달 진진밤에 할정 자고 지낸일 이리
이기역 나네 뒷동산 산전 논눈뜨모 두리서 해
가는줄 모르고 허더거리다가 세월 가네 나는 명이
교래 심줄 갓치 찔기 잇가 멜이 갈 자기는 산준
논 옛새 버리고 떨가운대 조은 전답이라 놋고
말이 가버리고 오래사는 나는 들면 날멘체
려보고 산골 농사 골명 들려는대 한술 남

문안에 하얀 백차가 익글내 이기에 원차고 물어도마

나막신도 짜이 있고 미나리 이는 여자라서 삿첼노꺼 이 엮사 해병 그꽃이 식당방에

짓기고 짱다리 리는 천철이 라서 한쳘 분이라

호랑나비는 암금이오

푸른물은 썬날듯 소리처 흐르고

청산은 쩽근린드 말리 엇구나

범나비는 수영대 노랑나비 흰나비는 양산베이

양산베 수영대아 한서당에 그르을일 너도 여자남자

몰나드나

조부님 오대가시고 손자 조운줄 모르는고
빤신 불신 내 모운기 가버리고 눈 조창 어더컴
컴하는고 세철이 그리 멘들고
양역1 간밤에 꿈을 근니 가산에 왔다고 새캄이
오슬 잇고 축담밋대 서서 소리하건대 내다
본니 서서 체려보건대 내 천정은 횡정이오
그래요 꾸둔이 살반을 나가나도 따라 나서 절실
보니 내가 신을 베서 멜이 모가고 드라 본니 자온방

6.

1)

동지섣달 긴긴밤에 한 잠 자고나니 지난일 일일이 기억나네.

뒷동산 산천과 논

눈 뜨면 둘이서 해 가는 줄 모르고 허덕거리다가 세월 갔네.

나는 명이 고래심줄 같이 질긴가.

멀리 간 자기는 산중 논 예사로 버리고 들 가운데 좋은 전답 일궈놓고 멀리 가버리고 오래 사는 나는 들며날며 쳐다보고 산골 농사 골병들려는데 하나님 축복하여 우리 논이 저런 논인가 싶었구나.

자녀는 이남사녀 하나님이 축복하여서 잘 살고 나는 그

거로써 만족이오.
자기는 칠십 평생 살다 별 고통 없이 잘 갔는데 별 노고 한 것 없건만 우리 기석 윤미 크는 걸 봐야하는데 우리 석주 윤지 거위같이 가방 메고 가는 거 보니 호랑나비같이 보이는데 조부님 어디 가시고 손자 좋은 줄 모르는고.
반신불수 내 몸은 가버리고 눈조차 어두컴컴하고 세월이 그리 만드는고.

2)
간밤에 꿈을 꾸니 귀신이 왔다고 새까만 옷을 입고 축담밑에 서서 소리하건데 내다보니 서서 쳐다보건대 내 친정은 행정이요.
그래요 하더니 삽짝을 나가 나도 따라 나서 보니 내가 신을 벗어 멀리 못 가고 들어와 보니 작은 방 문 앞에 하얀 백차가 있기에 이게 웬 찬가 물어도 말이 없이 식당방에 그릇이 한방이더라.

나막신도 짝이 있고 미나리는 여자라서 사철로 지키고 짱다리는 첩이라서 한철뿐이라.

호랑나비는 임금이요.
푸른 물은 성난 듯 소리쳐 흐르고

청산은 찡그린 듯 말이 없구나.

범나비는 수영대, 노랑나비 흰나비는 양산박이, 양산박이 수영대와 한 서당에서 글을 읽어도 여자남자 몰랐구나.

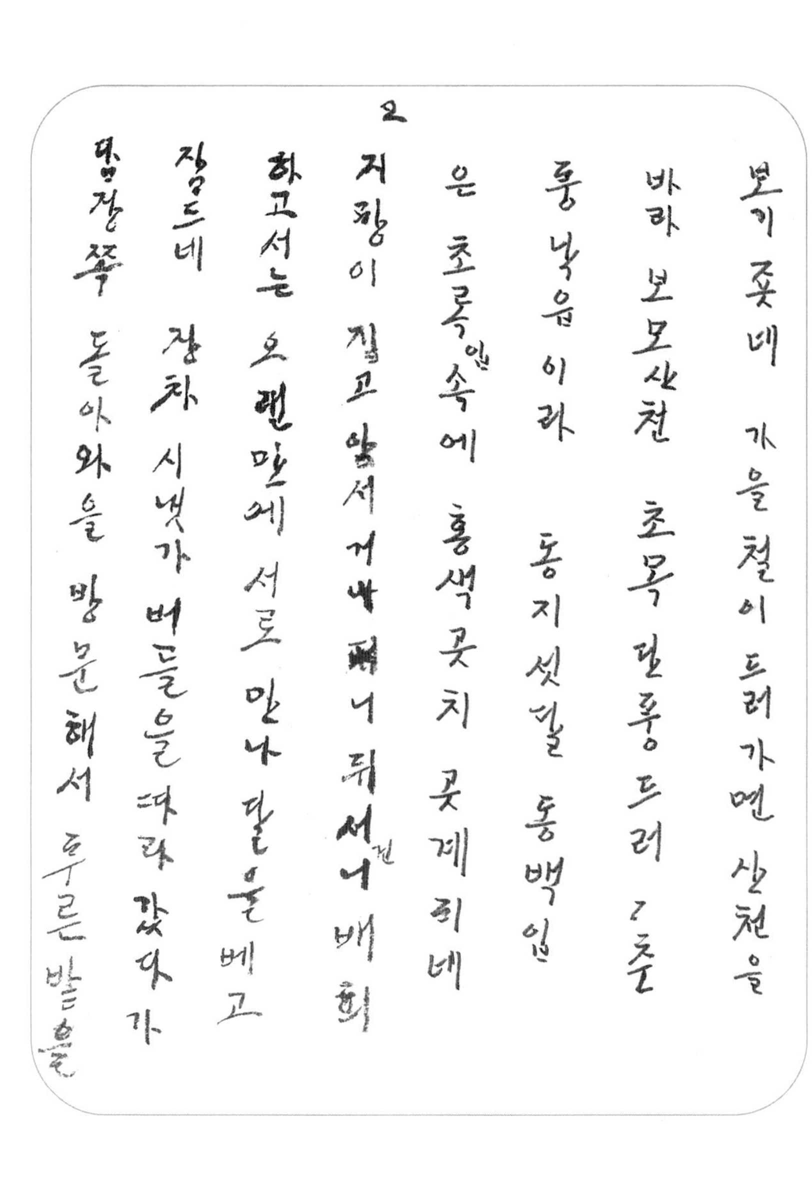
2

보기 좋네 가을철이 드러가면 산천을
바라 보모산천 초목 단풍드러 고운
풍낙옆이라 동지섯달 동백입
은 초록입속에 홍색 곳치 곳게 피네
저광이 짚고 앞서거니 뒤서거니 배회
하고서는 오랜만에 서로 만나 담을 베고
잠드네 잠차 시냇가 버들을 따라 갔다가
뒷동장쪽 돌아와을 방문해서 푸른 발을

삿철 꽃 지연 글

ㄱ 정이월에 매화는 계절다라 소생하고
삼사월에참꽃과 철초 꽃든 봄으다라
붕꽃 처럼 하러하겨 꽃겨디고
오월 유월 푸른 잎은 밤이실 마자
할기 잇넌기 좋네 칠월 팔월 덜국은
온과 행인이 그꽃보기 좋다고 추전
하네 구시월애 가을 국화는 복시릅겨

정경을 같이 감상하네 돌아온후 철리를
떨어져 서로를 사모해서 정다운 춘정은
장차 반달에 실어 보내네
송계산 장에서 지난날 석별했던때와
강이 갈대와 가을물이 다시 옷깃을 적시네
떠남에 앞서 아이 불러 근학을 훈계 하고
또 버들나무가지와 당장아래
뽕나무를 짜르지 마라고

보고싶네 어진동네 놓은 동속 뻔동이
없이 향기로운 매화소식 머리 말에 왔네
심은지 3년만에 금년에야 한송이 피었소
울창한 나무들 더욱 푸르르고 저녁
역기 봄날 해질 무렵속에 한가히
살아가네

3
멀리 강남으로 걸으니 꽃다운 푸른 물
무성해 밤을 새워 달이 못을 빗기는

7. 사철꽃 지은 글

1)

정이월에 매화는 계절 따라 소생하고, 삼사월에 참꽃과 철쭉꽃은 봄을 따라 봄꽃처럼 화려하게 곱게 피고 오월 유월 푸른 잎은 밤이슬 맞아 향기 있고 보기 좋네!
칠월 팔월 들국화는 온갖 행인이 그 꽃 보기 좋다고 추천하네.
구시월에 가을 국화는 복스러워 보기 좋네.
가을철에 산천을 바라보면 산천초목 단풍들어 추풍낙엽이라.
동지섣달 동백 잎은 초록 잎 속에 홍색 꽃이 곱게 피네.

2)

지팡이 짚고 앞서거니 뒤서거니 배회하고서는 오랜만에 서로 만나 달을 베고 잠드네.

장차 시냇가 버들을 따라 갔다가 담장 쪽 돌아와 방문해서 푸른 밭을 보고 싶네.

어진 동네 높은 동쪽 변동이 없이 향기로운 매화 소식 머리맡에 왔네.

심은 지 3년 만에 금년에야 한 송이 피었고

울창한 나무들은 더욱 푸르고 저녁연기 봄날 해질 무렵 속에 한가히 살아가네.

3)

멀리 강남으로 걸으니 꽃다운 푸른 풀 무성해 밤을 새워 달이 못을 빗기는 정경을 같이 감상하네.

돌아온 후 천리를 떨어져 서로를 사모해서 정다운 충정은 장차 반달에 실어 보내네.

송계산장에서 지난날 석별했던 때와 같이 갈대와 가을 물이 다시 옷깃을 적시네.

떠남에 앞서 아이 불러 근황을 훈계하고 또 버드나무가지와 담장아래 뽕나무를 자르지 말라 하네.

바꾸지 않앗네 그늘져 잇다 기러기들
강물에 그림자 지니 지나는 손이 바라보고
잉어가 바람에 뛰어 오르니 바다가 울어
깊었네
김해허시 장남을 태여나 철모를대
아버지를 여이고 죠부와 어머니를
모시고 창영 규시 성치 하예 일에를 두고
끝없는 널벌 들에 비우 갖튼 기계 몰고

송정이라

일

봄빛이 양지바른 매화 나무에 먼저 당도해
외로운 산속에서 죠은 씨를 얻어다
심었다네 세상에 나와서 호걸스런 선비되
술상에 참색키 어렵고 산속에 들어와서
고인에 친구의 술잔에 치하지 마오

2

자주색 노란색 국화를 이미 차아
왔거만 흰이슬과 단풍은 그늘은

싀기 장남은 창영 규시 성취하고 차녀는
진주 반성 출파시키는대 원통한 우리 사위
몬을떠가버리고 자석 경사 모리는고 소울
엇는 장모마암 그기리 얼마 먼고 한분 가모과
못오는고 헐득한 우리혀실 결루고도
슬후구나 허절아 그마음 던지두고
자석 경사 깊둔은 긴대 자석 보는대는표 하지 마라
못찬이 두어자 기리다

동해서 돋는 해가 서양을 기울제도
해가는줄 몰나 구나
허태오 소망 이오
4
못친이 자서으대에셔 지은글 헌철 한우리
장여 김해 허신 줄과 하여이남 이녀 잘두여
는대 거대할 우리 허군 우어니 벙이드려
백약이허사 떼고 자석 사난매를 혼자두고
사십에 곳치 낫소 장여는 지왕갈서 호줄과

8. 송정이라

1)

봄별이 양지마른 매화나무에 먼저 당도해 외로운 산속에서 좋은 씨를 얻어다 심었다네.

세상에 나와서 호걸스런 선비의 술상에 참석키 어렵고 산속에 들어와서 고인 친구의 술잔에 취하지 마오.

2)

자주색 노란색 국화를 이미 찾아왔건만 흰 이슬과 단풍은 그늘을 바꾸지 않았네.

그늘져 있다.

기러기들 강물에 그림자 지니 손이 바라보고 잉어가 바람에 뛰어 오르니 바다 가을이 깊었네.

3)

김해 허씨 장남으로 태어나 철모를 때 아버지를 여의고 조부와 어머니를 모시고 창영 규시 성치하여 두 여식을 두고 끝없는 넓은 들에 비호같은 기계 몰고 동해서 돋은 해가 석양을 기울어도 해가는 줄 몰랐구나.

허태호 소망이오.

4) 모친이 자식에 대해서 지은 글

훤칠한 우리 장녀 김해 허씨 출가하여 이남이녀 잘 두었는데

거대한 우리 허군 우연히 병이 들어 백약이 허사가 되고 자식 사남매를 혼자 두고 사십에 끝이 났소.

장녀는 진양 강씨 출가시켜 장남은 창영 규시 성취하고 차녀는 진주 반씨 출가시키는데

원통한 우리 사위 못 올 데 가버리고 자식 경사 모르는고.

소용없는 장모 마음 그 길이 얼마나 먼고 한번 가면 못 오는고.

현덕한 우리 허실 기쁘고도 슬프구나.

허실아 그 마음 던져두고 자식 경사 기쁜 일인데 자식 보는 데는 슬퍼하지 마라.

모친이 두어 자 그리다.

장할시고 부부로다 무엇으로 말을다하리

가소롭다 나의팔자 예자몸이 되어

옛가룡을 전한 우리집에 고이고이 자라나서

세월이 여루하여 17세에 다다르니 혼인말씀하는구나

천상연분 맺으라고 허혼이 왕래하니

수해 많은 여자 행실 부모명령 어이하리

신랑신부 상기잡아 길일양신 택일하여

하늘높아 청명할날 행례청에

팔십다섯 시월는 시절에 생이별한 소설가

어화 세상 사람들라 이내 말슴 들어보소

세상 천지 만물중에 사람이 제이라

사람이 생겨날제 삼강오륜 으듬이라

삼강오륜 장한것이 사랑이 으듬되고 음양이 다음이라

음은 여자되고 양은 남자되여

요조숙녀 배필하고

군자호구 짝을지여

옛법의 벗을 맺어 백년해로 하옵시고

명월상경 깊은밤에

남이없는 우리이정 하해도부족이요 해산부족이라

금슬우실 든고광은 오늘밤이 제일이라

자고로이예법을 어느누가 내였든고

옥중춘향 옛법인가

공맹자의 옛법인가

천추마대 전할예법 오늘에 돌아왔네

숨거소리 놀래개니 철출지간 분명하다

그래저래 잠을깬주

오어제저녁 초면사람 오늘아침 구면일세

두몽부서 갈아서네
꽃다운 이팔 춘찰란 당장 황홀하다
절개있는 청죽엽을 백옥반에 꽃아놓고
옥잔의 한잔술로 상하로 전하오고
백년가약 맺을적에 일락서산 해가지고
분백사창 저동방에
산수병풍 둘러치고 침침 불상옥등잔을 동백사
이걸어두고

시집으로 찾아가니 아는사람 남뿐이라

앞면이야 알거만은 충충시하 시하 연소자라

허다정담 다못하고 외인같이 대면하니

우리정담이아 맞치만은

구석 구석 서로안나 하해 갖은 깊은 인정

만단설화 하고 지고

세상천지 부부인정 밖에또인는가

하해 갖은 애정으로 해실 갖이 밑엇더니

천상연분 아니던가 혼인날이 불길턴가

초행재행 상행길이 시일이 미흡하여
구석구석 얼눈이요 우닥우닥 정담이라
그럭저럭 세월만나 기자누기 되엇구나
야속한 예자팔자 서럽다 예자평생
부모형제 이별하고 일가친척 다버고
일개군자 따라가니
산천마다 눈선곳에 누굴의지 간다말고
말썽많은 예자행실 여기서 어이할고
시모추의 경한에 벨누엇지만 펜할소나

노류장화 가신는가
청운타고 벽상부귀하려가셨는가
명산대천 좋은 곳에 풍월하러 가셨는가
대장부의 거량으로 풍운조화 공부하여
대공명을 하실려고 선생차아 가셨는가
운담술풍겸 정오천에 꽃을 찾아 가셨는가
넉넉치 못한 살림살이 보기싫어 가셨는가
애고답답 내 죽겠소 무엇하여 가셨는고
연고있서 가셨스면 언제나 오실련가
일년을 허송메 귀향할 줄 바랬던니

나의신세 기박한가 남의팔자 그러던가
때좋은 단오절에 만만백화 만발하되
나의신세 불길하여 생이별이 되었구나
여자행실 볼적이면
언어범절 개인인사 침자방직 극진하며
정행조차 극진하다
무엇이 부족하여 생이별 하셨는고
나의모양 부끄러워 생이별 하시는가
광대한 천지강에 졍쳐 차아 가시느가
주색잡기 화류중에

어찌하여 이내몸은 한번이별 둔절하고
넋없시 앉앗스니 날개없는 학이로다
일년명절 허다한철 계절마다 눈물이라
녹수원안새도 쌍쌍히 날건만은
어찌하여 이내몸은 외짝외기러긴고
동지섣달 긴긴밤에 독수공방 누웠스면
밤은어이 그리길며 방은어찌 그리큰고
명월사창 적막한데 전전반측 누웠스니
새벽바람 찬바람에 울고가는 저기러기

기약 엇시 가셧스니 언제 올줄 바라리오
무정하다 무정하다
가실적에 떠난다고 말이나 했스면
하해 같은 백년가약 태산 같은 평생언약
코고 굳은 [illegible]고 네 줄로 회회청청 감아볼가
애당도다 남모르는 눈물이오 잠들기전에 한숨이라
원수로다 원수로다 단오날이 원수로다
단오날이 돌아오며 철석 같은 나의 간장 다 녹는다
칠월칠석은 천상의 견우직녀
다리 놓고 만나는데

님계신곳가거 만은
예달프다 여자팔자 가련하다 여자신세
심심구중 자라나서 타인타생 따라와서
님하나 이별하니 무위무량 어이할고
문벽사창 저동방에 전전반측 누웠스니
울지못한 닭이되고 구부러진 긴갓이되엇도다
고생고생 해로할제 님생각 한식하니
4 사시탄식 바끌이없고
춘하추동 사시절에 편할날이 전혀엿고
한숨지어 눈물맺혀 울음이라

무슨소리 수담하며 그리슬되 울고 가노
소상동천 좋은곳에
이십오현 마다하고
초리로 해하는가 한양으로 행하는가
병구을쌕 좋은곳에 너는 갈곳없스리라
강산차아 가거들랑 나의심회 알꼬가겨
유정하신 우리님은 강산구경 갔스리라
님계신곳 가거들랑 나의심회 알려주게
기러기아 기러기야 네 가비록미물이나 명산대천 찬란하게

황천에 기도하고 왼쪽쐐기 금줄치고
칠일 째제계 하신후에 북두칠성재축하고에
비어보세 조왕성주 빌어 주고 막아주세 또막아주세
노중잡귀 막아주세
기도를 다 한후에 오말갓운파실담아다가
동서남북 막은후에 육신을 막아주세
약속하다 우리 이별 군덕인들 잊을손가
이리 저리 순해 다니 넉넉잖은살림살이물가운데 가족이라
첩첩심화 나의 가장

칠칠암아 깊은 밤에
궂은비는 치량하고 처량하다
주룩주룩 오는비는 나의 간장 녹아낸다
간장 썩는 나의눈물 방울방울 모아다가
바람제에 따라가서 님 계신곳에 전해주세
무정할사 이팔청춘 재미없시 늙어지네
구곡간장 싸인원한 뉘르보고 원망하리
가신님 발동향인가
노중사거 청해놓고 비어보세 비어보세 가신님을 비어보세

백옥 갓은 두귀 밋에 점점히 떼어질제

낙화청상 저문 날에 울고 가는 두견새야

소리소리 슬피 울며 산골을 가는 소리

굽이굽이 눈물이요 소리 소리 수심이요

무정한 두견새는 소리소리 울지만은

무정한 우리 님 하뻔 소식 둔절하다

무정할 황천길은 사람마다 잇건만은

야속한 생이별은 나 혼자 뿐이로다 글시는 낫정이나

용천검 드는 칼로 우리 인정 끗어 주오 소회는 진정이요

청산록수 구경하며
굽이굽이 쌍인 소회 줄줄이 풀어주세
남촌 북촌 동무들아 화전에 놀러가자
서동 물러 서산을 가자
꽃을 따서 손에 들고 역역 살떼 보니
구경은 갈데없고 임생각 절로 난다
송이송이 따서 들고 역역히 살피보니
구경은 간데없고 남모르게 눈물 흘러

9. 팔십 다섯 (85세에 쓴 글)

1) 신혼시절의 생이별

어하 세상 사람들아 이내 말씀 들어보소.

세상천지 만물 중에 사람이 제일이라.

사람이 생겨날 제 삼강오륜 으뜸이라.

삼강오륜 정한 것이 사람이 으뜸 되고 음양이 다음이라.

음은 여자 되고 양은 남자 되어

요조숙녀 비필하고

군자호걸 짝을 지어

예법의 벗을 맺어 백년해로 하옵시고

장할시고 부부로다.

무엇으로 말을 다하리.

가소롭다 나의 팔자 여자 몸이 되어

연가 통을 전한 우리 집에 고이고이 자라나서
세월이 유수하여 17세에 다다르니 혼인 말씀 하는구나.
천생연분 맺으라고 허혼이 왕래하니
수해 많은 여자 행실 부모 명령 어이하리.
신랑신부 상기 잡아 길일 양신 택일하여
하늘 높아 청명한 날 행례청에
부부 동서로 갈라서니
꽃다운 이팔청춘 찬란 단장 황홀하다.
절개 있는 청죽 엽을 백옥반에 꽂아 놓고
옥잔의 한잔 술로 상하로 전해오고
백년가약 맺을 적에 일락서산 해가 지고
분벽사창 저 동방에
산수병풍 둘러치고 침침 불상 옥등잔을 동백상에 걸어 두고
명월 삼경 깊은 밤에
남이었던 우리 인정 하해도 부족이요. 태산도 부족이라.
금슬우실 든 고랑은 오늘밤이 제일이라.
자고로 이 예법을 어느 누가 내었던고.
옥중 춘향 예법인가.
공자맹자 예법인가.
천주만대 전할 예법 오늘에 돌아왔네.
승거 소리 놀래 깨어 월출시간 분명하다.

그래저래 잠을 깬즉
어제저녁 초면 사람 오늘 아침 구면일세.

2)

초행재행삼행길이 시일이 미흡하여
구석구석 곁눈이요 쑥덕쑥덕 정담이라.
그럭저럭 세월 만나 누더기가 되었구나.
야속한 여자 팔자 서럽다. 여자 평생
부모·형제 이별하고 일가친척 다 버리고 일개 군자 따라 가니
산천마다 눈 선 곳에 누굴 의지 간단 말고.
말썽 많은 여자 행실 여기서 어이할꼬.
시모 주의 경한 예법 주었지만 편할 소냐.
시집으로 찾아가니 아는 사람 님뿐이라.
안면이야 알거 마는 층층시하 연소자라.
허다 정답다 못하고 외인같이 대면하니
우리 정담이야 많지마는
구석구석 서로 만나 하해 같은 깊은 인정
만담설화 하고 지고
세상천지 부부인정 밖에 또 있는가.
하해 같은 애정으로 태산같이 믿었더니
천생연분 아니던가. 혼인날이 불길턴가.

나의 신세 부박한가. 임의 팔자 그렇던가.
때 좋은 단오절에 만만백화 만발하되
나의 신세 불길하여 생이별이 되었구나.
여자행실 본 적이면
언어범절 개인 인사 침자방직 극진하며
정행조차 극진하다.
무엇이 부족하여 생이별 하셨는고.
나의 모양 부끄러워 생이별 하시는가.
광대한 천지간에 경개 찾아 가시는가.
주색잡기 화류 중에 노류장화 가시는가.
청운타고 벽상부귀하려 가셨는가.
먼 산 대천 좋은 곳에 풍월하러 가셨는가.
대장부의 걸음으로 풍운조화 공부하여
대공명을 하시려고 선생 찾아 가셨는가.
운담송풍 *겸정오천에 꽃을 찾아 가셨는가.
넉넉지 못한 살림살이 보기 싫어 가셨는가.
에고 답답 내 죽겠소. 무엇하여 가셨는고.
연고 있어 가셨으면 언제나 오실런가.

3)

일 년을 허송하며 귀향 할 줄 바랐더니
기약 없이 가셨으니 언제 올 줄 바라리오.

무정하다. 무정하다.
가실 적에 떠난다고 말이나 했으면
하해 같은 백년가약 태산 같은 평생언약
크고 굳은 그넷줄로 휘휘청청 감아볼까.
애달도다 남모르는 눈물이요 잠들기 전에 한숨이라.
원수로다 원수로다 단옷날이 원수로다.
단옷날이 돌아오면 철석같은 나의 간장 다 녹는다.
칠월칠석은 천상의 견우직녀
다리 놓고 만나는데
어찌하여 이내 몸은 한번 이별 둔절하고
넋 없이 앉았으니 날개 없는 학이로다.
일 년 명절 허다한 철 계절마다 눈물이라.
녹수원앙새도 쌍쌍이 날건마는
어찌하여 이내 몸은 외짝의 기러긴고. 동지섣달 긴긴밤
에 독수공방 누웠으면
밤은 어이 그리 길며 방은 어찌 그리 큰고.
명월사창 적막한데 *전전반측 누웠으니
새벽바람 찬바람에 울고 가는 저 기러기
무슨 소리 수담하며 그리 슬피 울고 가노.
*소상동천 좋은 곳에
*이십오현 마다하고
*초리로 행하는가 한양으로 행하는가.

*병거월색 좋은 곳에 너는 간 곳 없으리라.
강산 찾아 가거들랑 나의 심회 알고 가게.
유정하신 우리 님은 강산 구경 갔으리라.
님 계신 곳 가거들랑 나의 심회 알려 주게.
기러기야 기러기야
네가 비록 미물이나 명산대천 찬란한데
님 계신 곳 가건마는
애달프다 여자 팔자 가련하다 여자 신세
심심구중 자라나서 타인타생 따라와서
님 하나 이별하니 무위무능 어이할고.
*분벽사창 저 동방에 전전반측 누웠으니
울지 못한 닭이 되고 구부러진 갓이 되었도다.
고생고생 해로할 제 님 생각 탄식하니
사시 탄식한바 끝이 없고

4)

춘하추동 사시절에 편할 날이 전혀 없고
한숨지어 눈물 맺혀 울음이라.
칠칠한 깊은 밤에 궂은 비는 처량하고 처량하다.
주룩주룩 오는 비는 나의 간장 녹아난다.
간장 썩는 나의 눈물 방울방울 모아다가
바람결에 따라가서 님 계신 곳에 전해주세.

무정할시 이팔청춘 재미없이 늙어지니
*구곡간장 쌓인 정한 뉘를 보고 원망하리.
가신님 발 동함인가.
노중사귀 청해놓고
빌어보세 빌어보세 가신 님을 빌어보세.
황천에 기도하고 왼쪽쐐기 금줄 치고
칠일재계 하신 후에 북두칠성 재촉하여 빌어보세.
조왕성주 빌어주고 막아주세 또 막아주세.
노중잡귀 막아주세.
기도를 다한 후에 오만가지 과실 담아다가
동서남북 막은 후에 육신을 막아주세.
야속하다 우리 이별 군덕인들 힘들쏜가.
이리저리 손해나니 넉넉잖은 살림살이 물 가운데 가족이라.
첩첩심화 나의 간장
청산녹수 구경하며
굽이굽이 쌓인 소회 줄줄이 풀어주세.
남촌 북촌 동무들아 화전에 놀러가자.
서동 불러 서산을 가자.
꽃을 따서 손에 들고 엷엷이 살펴보니
구경은 간데없고 임 생각 절로 난다.
송이송이 따서 들고 엷엷이 살펴보니
구경은 간데없고 남모르게 눈물 흘러

백옥 같은 두 귀밑에 점점이 떨어질 제
낙화청산 저문 날에 울고 가는 두견새야.
소리소리 슬피 울며 산골을 가는 소리
굽이굽이 눈물이요 소리소리 수심이요.
무정한 두견새는 소리소리 울지만은
무정한 우리 님 한번 소식 둔절하다.
무정한 황천길은 사람마다 있건마는
야속한 생이별은 나 혼자뿐이로다.
용천 검 드는 칼로 우리 인정 끊어주오.
글씨는 난필이나 소회는 진정이오.

*경개景槪-경치
*겸정오천(兼政午天)-벼슬하는 선비같이 대낮에 꽃(여인)을 찾아 가심.
*전전반측-이리 뒤척 저리 뒤척 한다는 뜻.
*소상동천-중국의 소상팔경(경치 좋은 곳) .
*이십오현-슬(瑟)을 달리 이르는 말로써 중국 고대 아악기의 하나.
*초리-가느다란 나뭇가지.
*병거월색-달빛 고운 수레.
*분벽사창(粉壁紗窓)-하얗게 꾸민 벽과 비단으로 바른 창문. 여자가 거처하는 아름답게 꾸민 방.
*구곡간장-굽이굽이 서린 창자. 깊고 깊은 마음 속.

10~14

시조 할머니는 성시 진양 하씨

아래 시조 할머니는 룽천 노씨

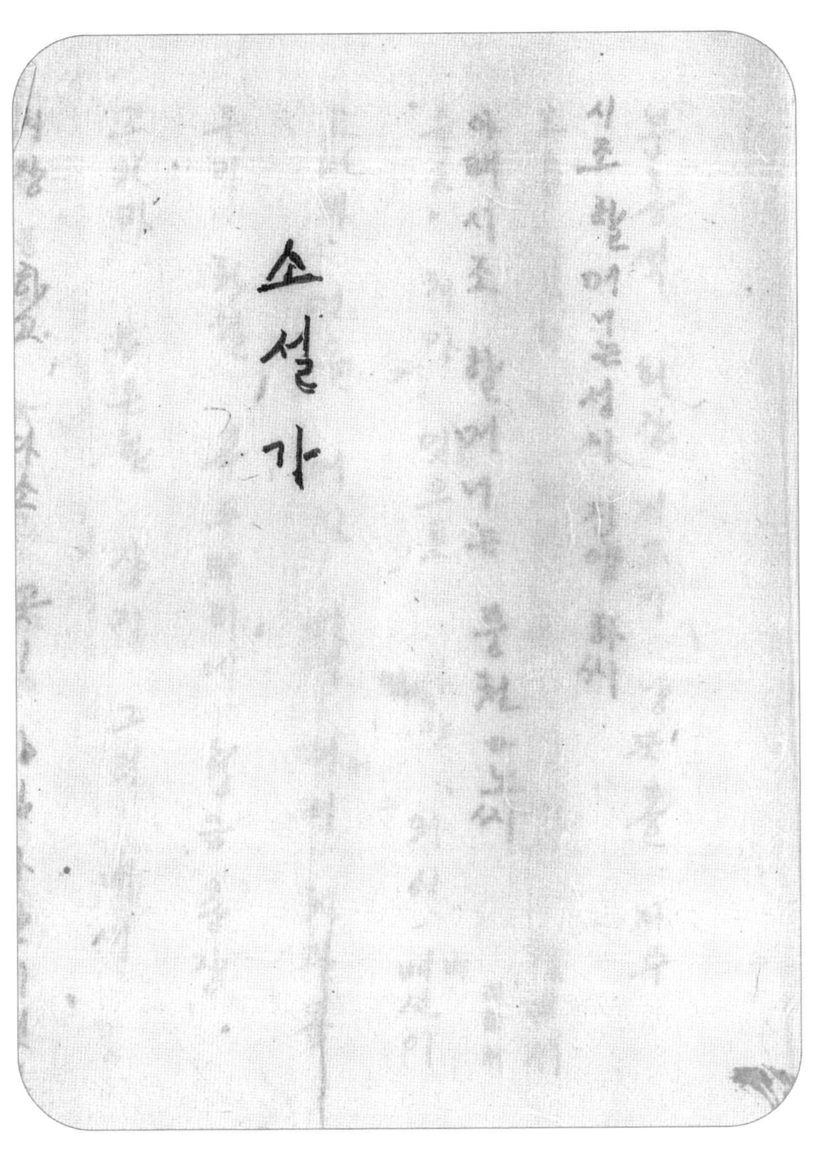
소설가

김희(해)허씨 장남을 채여(어)나 철모를 대(때)
아버지를 예이고 죠(조)부와 어머니를
모시고 창열(원) 류(구)씨 성치 하여 일여두고
끗엇는(끝없는) 널번(벌판) 들에 비우 갓흔(같은) 기계
몰고 동희(해)서 돈(돋는)해가 섯죽(서쪽)을
기울저도 희가는줄 몰나(랐)구나
희태오 소망. 이요

분홍색 회장 저고리 남끝동 자주
고름 긴 치마 자락을 살며시 치켜
들고 치마 밑으로 하얀 외씨 버선이
고와라 멋들어진 어여머리 화관몽
두리 화관 족두리에 황금 용잠
고와라 은은한 장지 그려 매새
치장하고 다소곳이 마침 나간에 섰다

잉어가 바람에 뛰어오르니 바다 가을이

길었네

삭철꽃 지연글

정이월에 매화는 계절 다라 소생하고

삼사월에 창꽃과 철초꽃는 봄으다라

봄꽃 처럼 화려하게 꽃 피이고

오월 유월 후른 딘은 빨이 실 마자

엽어다 살었다데 세상에 나와서
호걸스런 선비와 술상에 창적키
어렵고 산속에 들어와서 고인 친구의
술잔에 취하지 마오
자주색 노란색 국화를 이미 찾아
왔거만 흰이슬과 단풍은 그늘은
바꾸지 안앗네 그늘져이다 기럭기들
강물 그림자 지나 지나는 손이바라보고

짓땅이

짓고 앉서 건너 뒤서 건너 매회 하고서는
오랜만에 서로 만나 달을 베고 잠드네
장차 시냇가 버들을 따라 갔다가
담장 쪽 돌아와을 방문 해서 우른
발을 보고 십네 어진 동네 높은 동속
번동이 엇이 향기로운 매화 숲서
머리 말에 왔네 살은지 3년만에

할기 잇기 보기 조네 철월 할월
덜굿아는 온과황인 그곳 보기 좃다고
추천하네 구시월에 가을 국화는
목시롭게 보기 좃네 가을 철이 드러가면
산천을 바라 보모 산천 초목 단풍드려
춘동 낙음 이라 동지 섯달 동백
얀은 초록인 속에 홍색 못치 꼭제피네

장에서 지난날 송계산 석별 했던 때와 같이
갈대와 가을물이 다시 옷깃을 적시네
떠남에 앞서 아이불러 근학을 훈계
하고 또 버들 나무 가지와 단장 아래
뽕나무를 짜르지 마라고

3

금번에야 한송이 피였고 울창한 봄날
해질 무렵 속에 한가히 살아가네
멀리 강남으로 걸으니 꽃다운
푸른물 무성해 밤을 새워 달이
꽃을 벗기는 정경을 같이 감상
하네 돌아온 후 철리를 떨어져
서로를 사모히서 정다운 충정운
장창 반달에 실어 보내네

원통한 우리사외(위) 본(못)을(온)대(며) 가버려고
자석 경사 모리는고 소용 잇(없)는 장모
마암(마음) 그기리(그길이) 얼마 먼고 한분(번) 가모(면)
못오·는고 혈득한 우리허실 길후고로
술두구나 허실아 그마음 떤지두고
자석 경사 깃분 긴대 자석 보는 대는
모하지마라 못(모)친이 두어자 기리다

모
못친이 자석으(식에) 대애(해)서 지운 글 헌(핸)철
한우리 장에 감회 허씨 출과 하예
이남이녀 잘 두어(었)는 대(데) 게(거)대한 우리
허군 우(우연히)애너 벙이 드러(들어) 백약이 허사
대코 자석 사날(남) 매를 혼자 두고
사십에 굿(끝이)치 낫(났)소 장에는 지(진)양 강씨
출과 섯키(시키고) 장남은 창영(원) 규(구)씨 생체
하고 차녀는 진주 반정 출과 시키는대

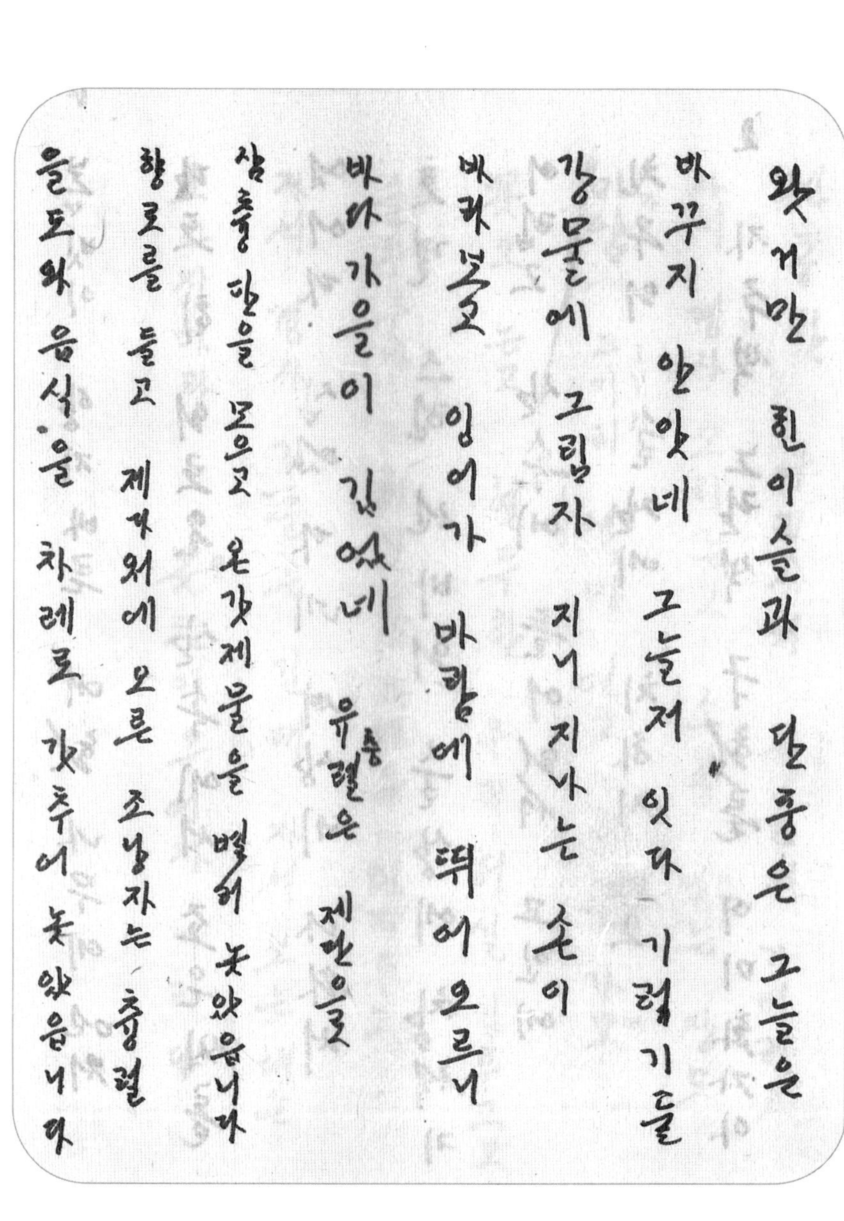
왔거만 흰이슬과 단풍은 그늘은
바꾸지 안앗네 그늘저 잇다 기럭기들
강물에 그림자 지니 지나는 손이
바라보고 잉어가 바람에 뛰어오르니
바다 가을이 깊었네 유충렬은 제단을
삼층 단을 모으고 온갖제물을 벌려 놓았읍니다
향로를 들고 제다위에 오른 조낭자는 충렬
을도와 음식을 차례로 갖추어 놓았읍니다

봄빛이 양지 바른 매화 나무에 먼저

담도희 외로운 산속에서 조운 씨를

엿어다 심었다네 세상에 나와서

호걸스런 선비의 술상에 참석키

어렵고 산속에 들어와서 고인에

친구의 술잔에 치하지 마오

2 자주색 노란색 국화를 이미 화자아

나 출혈을 낫으심에 애쩨 중히 길러
영황를 보려 하셨거늘 간신들에 모략
으로 아버지가 말리 옌북 땅에 지양 가신
후 그 아버지를 뫼오려 어머니와 함께 이물
이르렀더니 난되 엇는 도둑떼가 사망으로
달려 들어 우리 두 사람을 결박하여
물속에 내던짐에 어머니만 간데 엇시
사라지고 말았나이다 천행으로 충렬은

유세차 부흥 십칠년 갑자 삼월 십팔일
남경 동문 앞에 살던 불효자 출렬은
어머니 장씨의 영혼앞에 삼가아뢰 옵나이다
예기약간의 술과 과실로 어머니. 외로운
영혼을 위로 하오니 받아잡수시옵소서
아아 슬프도다 우리어머니 께서 반평생이
넘으시도록 자식하나 엇시 슬퍼 하시
셨니 탐악헌산에 제사를 드리고 천행으로

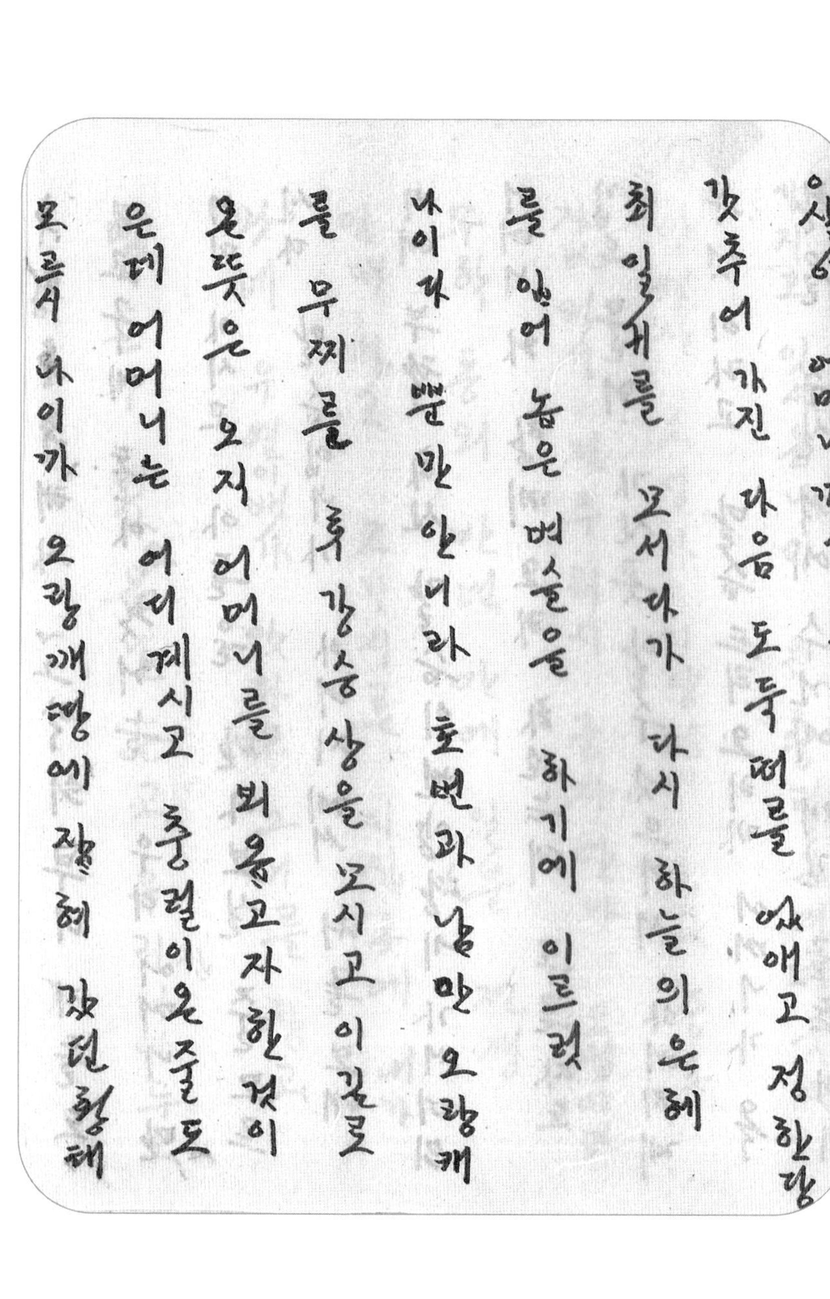
으샬아 어머니께서 주시
갖추어 가진 다음 도둑떼를 없애고 정한당
최일귀를 모셔다가 다시 하늘의 은혜
를 입어 높은 벼슬을 하기에 이르렀
나이다 뿐만 아니라 호변과 남만 오랑캐
를 무찌를 후 강승상을 모시고 이길로
온 뜻은 오직 어머니를 뵈옵고자 한 것이
온데 어머니는 어디 계시고 충렬이 온 줄도
모르시나이까 오랑캐땅에 잡혀 갔던 황태

10. 소설가

시조 할머니 성씨는 진양하씨.
아래 시조 할머니는 풍천노씨.

분홍색 회장저고리 남끝동 자주 고름 긴 치마 자락을 살며시 치켜들면 치마 밑으로 하얀 외시버선이 고와라.
멋들어진 여여머리 화관목도리 화관족두리에 황금 용잠 고와라.
은은한 장지 그러 메어 치장하고 다소곳이 마침 난간에 섰다.

* 일부 글은 앞의 글과 겹쳐 생략함.

가지고 잇사옵니다 유충렬은 대명국대

① 한쨍상 소설가 지양정시 옷줏 중옷

자리와서 전주허시 군자만나 고정이리

무학동의 반년만에 일본 전쟁

없대 하고 오기시른 시집곳에 내가

왓네 우연이배사 앗하도 그거를 참고

녜가든니 내사와본날 든고 우리잔 나아두고

후황후후해자 그박의 부녀자들도
대고국에 돌아왔거늘 우리 어머니 만
어이가시고 아들을 만나보실 줄 모르
신다 말슴입니가 아버지께서 저를 보내
시에 부탁하신 말슴이 변양땅에 가서 니의
어머니와 함께 오라 하선는데 후룬자도
깊은 물의 가신곳 알수 엇으니서 아버지계
무엇이라고 말슴드리오리까 어머니가 욕
황을 주실 적에 수건에 재긴 글도 예기

간너 대하집에 빨갱이 두목 집이리고 꽃치
러가이고 지동를 쭈고 동내모아놓고 무지
난패 뚤리 패고 나든이 빨이 쯔가 쭈둘 노이라
하든이 하물차에 따마 실고 잉조지새를
들어가 편이 아야빽 드르 할물이 맥기고
머리 각을 홀치 잣고 한죽 못디로 뜨라
가순이 빨이기 이사나 차자내라고 무지 낭패히
뚜리 작고 이절 초승 찬밥에 해가 지룩

세월 가는데 일본 마앙 점안 조아 두손 들고
희방 싯겨 천아 만인 하옝하네 해방 띤
석달 만에 고향 와서 일본 공섭 고생
한곳에 집에 와서 열정 평을 들어 수 없시
고생하고 굿후 메리 뺄기가 며시고
밤을 낫들 모르고 죽을 살지 모르고
아부임은 병중에 계시는대 하로는 사랑방에
이신이 행사들이 가자 해서 아를 업고 따라

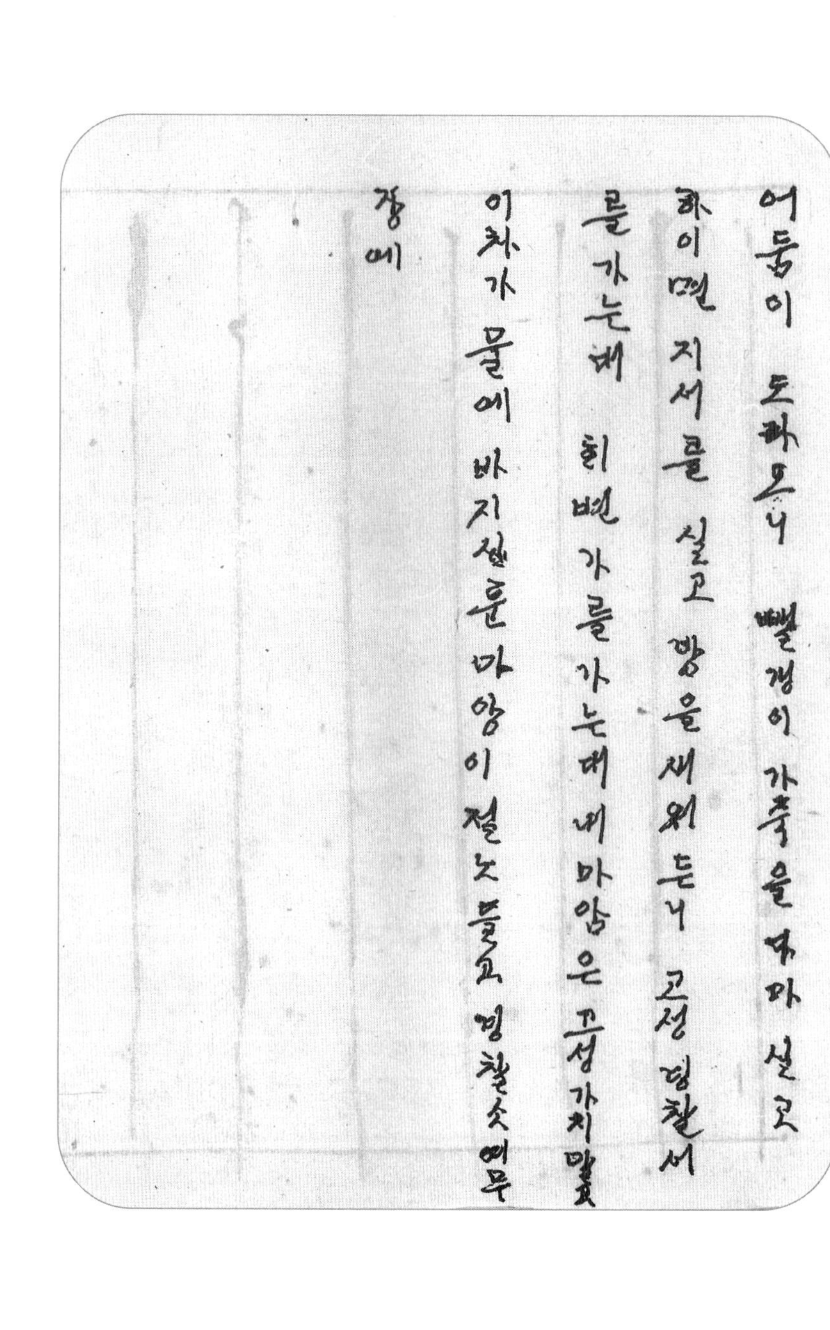
어둠이 도라오니 빨갱이 가축을 다마 실고
하이멘 지서를 실고 방을 새워든니 고성 경찰서
를 가는데 희 벤 가를 가는데 내 마암은 꼬성 가치 말없
이차가 물에 빠지실른 마앙이 절노 블요 경찰소 예무
장에

11. 한평생 소설가

진양정씨 애지중지 자라나서 전주 최씨 군자 만나 고성이라.

무학동에서 산 반년 만에 일본 전쟁으로 입대하고 오기 싫은 시집이라는 곳에 내가 왔네.

우연히 배가 아파도 그것을 참고 넘겼더니 내가 왜 몰랐던고 우리 집 놔두고 세월만 갔네.

일본 천황 두 손 들고 해방시켜 천하 만민 환영 하네.

해방된 지 석 달 만에 고향 와서 열병 들어 수없이 고생한 끝인데 빨갱이가 무엇이고 밤낮을 모르고, 죽을지 살지도 모르고, 아버님은 병중에 계시는데…….

하루는 사랑방에 있는데 형사들이 가자해서 아기를 업고 따라가니 어느 집에 빨갱이 두목집이라고 돋쳐 가지고 집집을 쫓아 동네 모아놓고 무지 낭태로 뚜들겨 패더니 빨갱이 가족 놈들이라 하고, 화물차에 담아 싣고 임포 지서를 들어 가더니 아기를 뺏으며 할머니처럼 머리칼을 움켜잡고 한쪽 모퉁이로 돌아가서 빨갱이 사내 찾아내라고 무지 낭태로 뚜들겨 잡았다.

이월 초승 찬 밤에 해가 지고 어둠이 돌아오니 빨갱이 가족을 담아 싣고 하이면 지서로 싣고 가서 밤을 새우더니, 고성경찰서를 가는데 해변 길로 갈 때 내 마음은 고성 가지 말고 이 차가 물에 빠졌으면 싶은 마음이 절로 들고 경찰서 연무장에 (이하 없음)

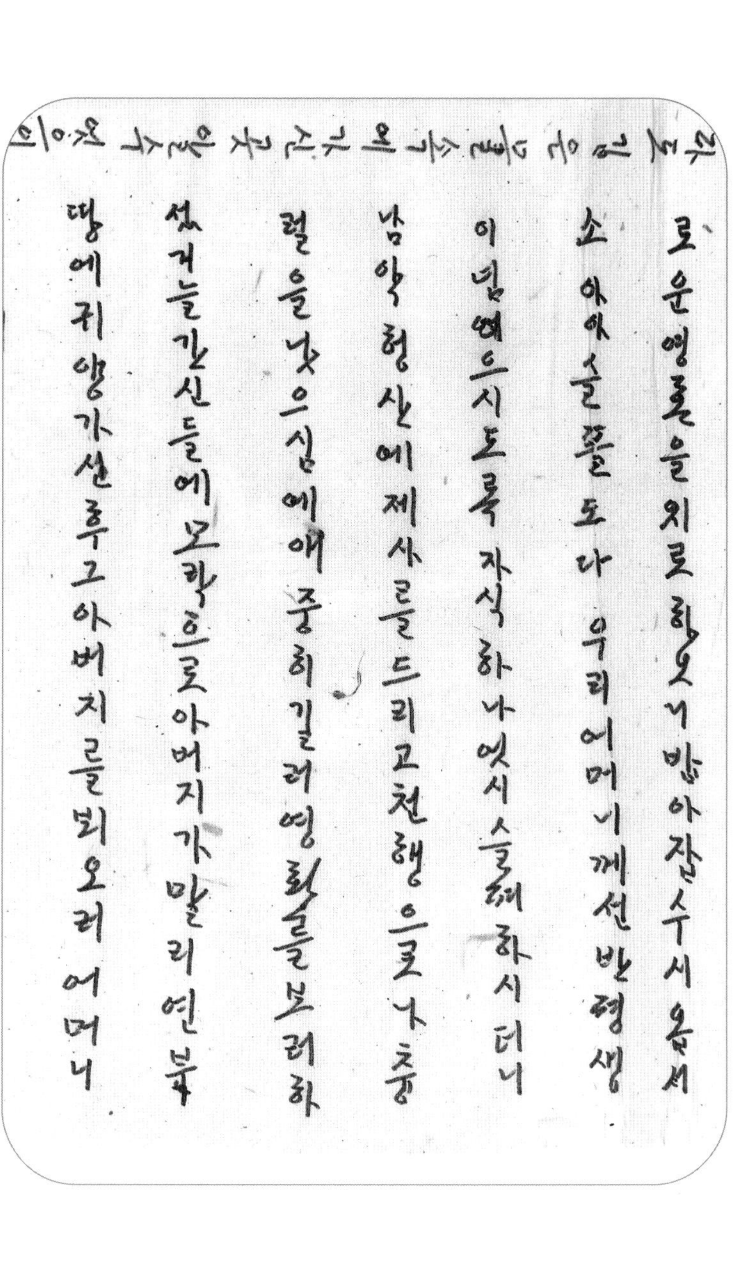

로운영혼을위로하오니받아잡수시옵셔
소 아아슬플도다 우리어머니께서반평생
이념예으시도록 자식하나잇시슬해하시더니
남악형상에제사를드리고천행으로나충
렬을낫으심에애중히길러영화를보려하
셨거늘갈신들에모략으로아버지가말리연북
댱에귀양가신후그아버지를뵈오러 어머니
라도 깊은 물속에 가신 곳 알수 엇으이

유충렬은 제단을 삼층으로

옷갓 제물을 벌려 놓았은바 다 향로를 들고 제단

위에 오른 조낭자는 충렬을 도와 음식을 차례

갖추어 놓았으니 유세차 부흥십칠년

갑자삼월 십칠일 낭경동문 안에 살던 불초

자 충렬은 어머니 장씨의 영혼 앞에 상가아뢰

옵나이다 여기 약간의 술과 과실로 어머니께

글을 드리오니 흠향하옵소서

뿐 말 안니라 호번과 남미 오랑캐를 무찌른
후 강승상을 모시고 이 길로 온 뜻은 오직 어머니
를 뵈옵고자 할 것이온데 어머니는 어디 계시고
충렬이 온 줄도 모르시모와 이가 오랑캐 땅에
잡혀갔던 황태후 황태자 그박외 부녀자들도
다 고국에 돌아왔거늘 우리 어머니만 어디 가시고
아들을 만나보실 줄 모르신다 말슴잇가 아버께서 저를
보내시면 부탁하신 말슴이 별양 땅에 가서 너의 이어

와 항께 이 물에 이르렀더니 날 되엿는 도둑
떼가 사방으로 달려들어 우리 두 사람을
결박하여 물속에 내던짐에 어머니 말간
데 엇시 사라지고 말앗나이다 천행으로 충
렬은 살아 어머니께서 주신 옥함을 얻어 무
기를 갖추어 가신 다음 도둑떼를 없애고 정
정한 평 최일귀를 모셔다가 다시 하늘의
은혜를 입어 높은 벼슬을 하기에 이르렀나이다

유충렬전

제단으로 삼층단으로 모으고 온갖 제물을 벌려 놓았습니다 향로를 들고 제단 위에 오른 조낭자는 충렬을 도와 음식을 차례로 갖추어 놓았습니다 유세차 부홍십칠년 갑자 삼월 십팔일 낭경 동문 안에 살던 불초자 충렬은 어머니 장씨의 영혼 앞에 세상 가아뢰옵나이다 예기 약간의 술과 과실로 어머니 외로운 영혼을 위로하오니 받아 잡수시옵소서 아아 슬프도다 우리 어머니께선 반평생이 넘으시도록 자식 하나 없이 슬퍼하시더니

3

여기가지고잇시옵니다

유렬운대명국디

모시고 이 길로 온 뜻은 오직 어머니[illegible]옵고자 한 것[illegible]
온데 어머니는 어디 계시고 충렬이 온 줄도 모르시나이까
오랑캐 땅에 잡혀 갔던 황태후 황후 태자 그 밖의 부녀
자들도 다 고국에 돌아왔거늘 우리 어머니만 어디 가시고
아들을 만나보실 줄 모르신다 말씀입니까 아버지께서
저를 보내시며 부탁하신 말씀이 변양 땅에 가서 너의 어머
니 함께 오라 하셨는데 후룬하도 깊은 물에 가신 곳 알 수 없
으니 아버지께 무엇이라고 말씀드리오리까 어머니가 옥함
을 주실 적에 수건에 새긴 글도 여기 가지고 있사옵니다.
유충렬은 대명국 대

남악형산에제사를드리고천행으로나충렬을낳으
십에애중히길러영화를모려하셨거늘간신들에모략
을로아버지가만리연북땅에귀양가신후그아버지를뫼오
려어머니와황께이무울에이르렀더니날되었는도둑떼가사망
을로팔려들어우리두사람을결박하여물속에내던짐에
어머니만간데엇시사라지고말았나이다천륜을로충렬은
살아어머니께서주신옥향을이어무기를갖추어가지다
옵도둑떼를였애고초정한디회일귀를모셔다가다시하늘
의은혜를입어높은벼슬을하기에이르렀나이다뿐만
난너라토번과남만오랑캐를무찌[illegible]우강승상을

12. 유충렬전

유충렬은 제단을 삼층단으로 모으고 온갖 제물을 벌려놓았습니다. 향로를 들고 제단 위에 오른 조낭자는 충렬을 도와 음식을 차례 갖추어 놓았습니다.

유세차 부홍 십칠 년 갑자 삼월 십팔일 남경 동문 안에 살던 불효자 충렬은 어머니 장씨의 영혼 앞에 삼가 아뢰옵나이다.

여기 약간의 술과 과실로 어머니 외로운 영혼을 치료하오니 받아 잡수시옵소서.

아하, 슬프도다. 우리어머니께서 반평생이 넘으시도록 자식 하나 없이 슬퍼하시더니 남악 험산에 제사를 드리고 천행으로 나 충렬을 낳으심에 중히 길러 영화를 보러하셨거늘 간신들의 모략으로 아버지가 만 리 연북 땅에 귀향가신 후 그 아버지를 뵈러 어머니와 함께 이물에 이르렀더니 난데없는 도둑떼가 사방을 달려들어 우리 두 사람을 결박하여 물속에 내던짐에 어머니만 간데없이 사라지고 말았나이다.

천행으로 충렬은 살아 어머니께서 주신 옥합을 얻어 무기를 갖추어 가신 다음 도둑떼를 없애고 정한담, 최일귀를 모셔다가 다시 하늘의 은혜를 입어 높은 벼슬을 하기에 이르렀나이다.

뿐만 아니라 토번과 남만오랑캐를 무찌른 후 강승상(강희주)을 모시고 이 길로 온 뜻은 오직 어머니를 뵈옵고자 한 것인데 어머니는 어디 계시고 충렬이 온 줄도 모르시나이까.

오랑캐 땅에 잡혀갔던 황태후 황태자 그 밖의 부녀자들도 다 고국에 돌아왔거늘 우리 어머니만 어디 가시고 아들을 만나 보실 줄 모르신단 말씀인가.

아버지께서 저를 보내시며 부탁하신 말씀이 변양 땅에 가서 너희 어머니와 함께 오라 하셨는데 푸른 파도 깊은 물속에 가신 곳 알 수 없으니 아버지께 무엇이라고 말씀드리오리까.

어머니 옥합 함을 주실 적에 수건에 새긴 글 여기 가지고 있사옵니다.

유충렬은 대명국대

이덕행도 그러게 말어야 창으로 옛버게 생겼는데
하면서 그도 역시 손에 들고 이리저리 떤지기까지
하엿다 이럴때 일수록 새색끼는 짹약 째약 하면서
몸시 피로운 듯이 날개를 폐다 접엇다 하고 그두어린
이의 손을 부터 날아가려고 발버둥을 첫다 그럴
때마다 항복어린 어는 이것이 너무나 귀여워 귀
주니 좆아서 어쩔 줄을 모르고 잇는게 아이야 하고 물
엇다 그러자 이덕행은 고개를 끄덕이덕이메 말횟

[illegible]울 [illegible]운 사는

이항복 어린이 보다 똑똑 횄던 것으로 뵈이다 하야

두 사랑은 몸은 각기 다르지만 뜻은 한 듯으로 할

평[illegible] 둘도 없는 징정한 친구로 새[illegible]하고 서로로

감싸[illegible] 위회 주기도 하셔다 어너 날 두 어린이는

새 샛끼를 잡아 가쳐고 밥일을 먹이고 입을 맞추고

어루만지며 까불엇다 덕형아 이 새색기 참 귀엽

게 생겻지 하고 항복이 다시 금새 머리를 쓰다듬으니

의사라히도할뼌죽은생명은사람이나짐승을
막로하고도저히살리지못하는것인데천진난
만한두어린이는그새새끼가죽었으나곧되살
라나리라고믿고잇엇던것이다항복어린이이는다
시금물엇다새새끼를따뜻하게히주면살지않
겟니그러면방으로가져갈까이렇게히서두어린이
는죽은새새끼를가지고따뜻할방으로들어갔다
그러나이미그새새끼는아주죽어잇었고몸뚱이도

다나도 그러게 생각해 두어린이는 새색끼를 번갈아
가면서 어루만지고 쓰다듬고 재미잇게 놀앗다 너무나
말지고 장난을 휘서인지 재새끼는 창자 못회 눈을
감고 말앗다 이때 항복어린이는 아니 이계의 눈을
감고 꼼짜도 하지 않지 하고 곤심을 하엿다 웬일일가
혹시 죽은게 아닐까 아니야 장깐 두눈을 감아지
그련데의 숨소리가 엇지 혀긴 그래애 아무래도
죽엿나 바다시 살리도리가 엇을까 아무리 영험할

중히 장사지내자고 마음을 모았다 둘은 새새
끼르 죽은 시체를 조그만 널조각 위에 고이 누
여 놓고 흰 베 헝겊으로 싸서 마치 사람이 죽으면
염습을 하여 공손히 장사지내는 것과 마찬가지
로 힘껏 동여매고 그 널조각을 두 어린이는 마주
들었다 이애야 이제는 땅속으로 가는 것이니 정성
스럽게 모시고 가서 묻어주자 그래 그게 좋지 두 어린이
는 숙연한 활얼굴에 금심길를 떼고 동산에

차디찬채로 눈을감고 영영죽고말것이엿다
보통아이들 갈으면 새새끼가 죽엇읍다 아무때
나 던제뻬리자 힛을것이나 이들은 고개를
땅에떨구엇다 홍복이 이것은 우리가잘못
회서 죽인것이나 다름엇구나 혼자 더 형이
도 맛장구첫다 맛잇어 이것 우리의 큰죄로
볼수밖에 엇어 그러지 그러니 우리가 잘뭇어
주는게 조을거야 두어린이는 그새새끼를 정

게하여 향복어린이는 밤대 추를사서 접시에 담아서
새새문게앞에 정성순럽게 차려놓고 제사를지내는대
두어린이가아랄 히 갗이서서 아이고 하고크게 맛소내여
울고나서는두어린이가 같이의논해서 지은 제문제
사지낼대 익는 글

까지 가서 땅을 사고 뭇엇다 보통 아이들 같으면 이정
도로 끗내고 말텐데 두 어린이는 혼ㅈ 엉뚱한데가
아 그것으로 끝내지 않고 곧 광내러 와서는 항복의
어머니에게 말했다 어머니 앞에 정성스럽게 돈가
지신 것 잇으면 몇푼만 주서요 뭐라 아니 그것은 가져다
뭇엇에 쓰려고 글새 그 쓰는 곳은 묻지 마서요 엇떳게 뭇지
안겟은 좌우판 조금만 필요하니 두어푼만 이라
줏겟어요 네가 정히 그렇다니 우선은 주겟지만 나
중에 용도를 말희야 혼다네 어머니 고맙슴니다 하이 렷

몹시괴롯운듯이날개를폐다접었[illegible]고그두어린
이의손으로부터날아가려고발버둥을첬다그럴때마다
향복어린이는이것이너무나귀여워해주니좋아서어쩔
줄을모르고잇겨아니야하고물엇다그러자이뎍형은고
개를끄덕이뎍이며말했다나도그러게생각해두어린
이는새새끼를번갈아가면서어루만지고쓰다듬고재미
있게놀았다너무나만지고장난을해서인지새새끼는참
다못해눈을감고말았다이때향복어린이는아니이게왜
눈을감고꼼짝도하지않지해고근심을해엿다웬일
열가혹시죽은게아닐까아니야잠깐두눈을감았지그런

서울필운동 사는 이항복 이덕형전

이항복어린이보다더똑똑히던것으로보연다여하간두사
람은몸은각기다르지만은한도으로한평생을줄도엇는
진정한친구로생각하고서로를감싸주며위히주기
도하여다어느날두어린이는새새끼를잡아가지고밥알
을먹이고입을맛추고어루만~~제~~지며까불엇다덕형
아이새색기참귀엽게생겻지하고항복이다시금새머리
를쓰다듬으니이덕형도그러게말이야참으로엿비게생
겻는데하면서그도역시손에들고이리저리떤저기까지
하엿다이럴때일수록새새끼는재[illegible]새악하면서

버리자휫울것이나이들운고개를땅에떨구엿다항
복이이것은우리가잘못희서죽인것이나다름없구나하
자덕행이도맛장구쳣다맛앐어이건우리의큰죄를볼수
밖게에엤어그렀지그러니우리가잘묻어주는게조을거야두
어린이는그새새끼를정중히장사지내자고마음을모았다
둘은새새끼죽운시체를조그만널조각위에고이누여
놓고헌베헝겊으로싸서마치사람이주으면연습을하
여공손히장사지내는것과마찬가지로힘껏동여매고그
널조각을두어린이는마주들엿다이에아이제는덩숙
으로가는것이정성스럽게모시고가서묻어주자그래고

뎨외숨소릐가엿지허고그래애아무래도죽엇나뽜다시살
리도리가엇을가아무리영험한의사라도한번죽운생
명운사람이나짐승을막론하고도저히살리지못하는것
인뎨천진난만한두어린이는그새새끼가죽엇으나곳되살
아나리라고밋고잇엇던것이다항복어린이는다시금물엇다
새새끼를따뜻하게희주면살지않겠니그러면방을로가저
갈가이럿게희서두어린이는죽운새새끼를가지고따뜻한
방으로들어갓다그러나이미그새새끼는아주죽어잇엇고몽
뚱이도차디찬채로눈을강고영영죽고만것이엿다보
통아이들갓으면새새끼까가죽엇으나아무폐나된적

이렇게 ᄒᆞ여 홍복어린이는 밤 댓추를 사서 젓시에
담아서 새새 문제무던 압에 정성스렵게 차려 놋고 제사
를 지내는데 두 어린이가 나란히 갓이 서서 아이고 아이고
ᄒᆞ고 크게 맛소리 내여 울고 나서는 두 어린이가 갓이의
논회서 지은 제문 제사지낼 제 일는 글

게좇지두어린이는숙연한한얼굴에근심기를띄대고
동산에까지가서떵을파고뭇엇다보통아이들같으면이
정도로꿋내고말턴데두어린이는초포엉뚱한데가아그것
을꿋내지않고꼴뽕내려와서는홍복의어먼이에게말
힛다어머니돈가지신것잇으면몃푼만주세요뭐라구아니
그것을가저다무엇에쓰려고글세그쓰는곳은뭇지마세
요엇뗗게뭇지안것은좌우판조그만칠오한니두어푼
만이라좆겟서요네가정느히그러하다니우선운주겟지
만나중에용도를말히야혼다네어머니고맛습다

13. 서울 필운동 사는 이항복 이덕형전

이항복은 덕형 어린이보다 똑똑했던 것으로 보인다. 하여간 두 사람은 몸은 각기 다르지만 뜻은 한 뜻으로 한(이하 지워짐) 둘도 없는 진정한 친구로 생각하고 서로를 감싸주고 위해 주기도 하였다. 어느 날 두 어린이는 새 새끼를 잡아 가지고 밥알을 먹이고 입을 맞추고 어루만지며 까불었다. 덕형아이 새 새끼가 참 귀엽게 생겼지 하고 항복이 다시금 머리를 쓰다듬으니 이덕형도 그러게 말이야. 참으로 예쁘게 생겼는데 하면서 그도 역시 손에 들고 이리저리 던지기까지 하였다.

이럴 때일수록 새 새끼는 쨰악쨰악 하면서 몹시 괴로운 듯이 날개를 폈다 접었다 하고 그 두 어린이의 손으로부터 날아가려고 발버둥을 쳤다. 그럴 때마다 항복어린이는 이것이 너무나 귀여워 해주니 좋아서 어쩔 줄을 모르고 있는데 아이야 하고 물었다. 그러자 이덕형은 고개를 끄덕이며 말했다. 나도 그렇게 생각해 두 어린이는 새 새끼를 번갈아 가면서 어루만지고 쓰다듬고 재미있게 놀았다. 너무나 만지고 장난을 해서인지 새 새끼는 참다못해 눈을 감고 말았다.

이때 항복 어린이는 아니 이게 왜 눈을 감고 꼼짝도 하지 않지 하고 근심을 하였다. 뭔 일일까 혹시 죽은 게 아닐까 아니야 잠깐 두 눈을 감았지. 그런데 왜 숨소리가 없지. 하긴 그래 얘 아무래도 죽었나봐. 다시 살릴 도리가 없을까. 아무리 영험한 의사라 해도 한번 죽은 생명은 사람이나 짐승을 막론하고 도저히 살리지 못하는 것인데 천진난만한 두 어린이는 그 새 새끼가 죽었으나 곧 되살아나리라고 믿고 있었던 것이다. 항복 어린이는 다시금 물었다. 새 새끼를 따뜻하게 해주면 살지 않겠니. 그러면 방으로 가져갈까. 이렇게 해서 두 어린이는 죽은 새 새끼를 가지고 따뜻한 방으로 들어갔다. 그러나 이미 그 새 새끼는 아주 죽어 있었고 몸뚱이도 차디찬 채로 눈을 감고 영영 죽고 만 것이었다. 보통 아이들 같으면 새 새끼가 죽었으니 아무데나 던져버리자 했을 것이나 이들은 고개를 땅에 떨구었다.

항복이 이것은 우리가 잘못해서 죽인 것이나 다름없구나 하자 덕형이도 맞장구를 쳤다. 맞았어. 이건 우리의 큰 죄로 볼 수밖에 없어. 그렇지. 그러니 우리가 잘 묻어주는 게 좋을 거야. 두 어린이는 그 새 새끼를 정중히 장사 지내자고 마음을 모았다. 둘은 새 새끼를 죽은 시체를 조그만 널조작 위에 고이 누여놓고 헌 베 헝겊으로 싸서 마치 사람이 죽으면 염습을 하여 공손히 장사 지내는 것과 마찬가지로 힘껏 동여매고 그 널조각을 두 어린이는 마주 들었다. 이 얘야 이제는 땅속으로 가는 것이니 정성스럽게 모시고 가서 묻어 주자 그래 그게 좋지. 두 어린이는 숙연한 얼굴에 근심을 띠고 동산에까지 가서 땅을 파고 묻었다. 보통 아이들 같으면 이 정도로 끝내고 말텐데 두 어린이는 하도 엉뚱한 데가 있어 아 그것으로 끝내지 않고 곧장 내려 와서는 항복의 어머니에게 말했다. 어머니 앞에서 정성스럽게 돈 가지신 것 있으면 몇 푼만 주셔요. 뭐라 아니 그것은 가져다 무엇에 쓰려고. 글쎄 그 쓰는 곳은 묻지 마셔요. 어떻게 묻지 않겠어. 좌우간 조금만 필요하니 두어 푼만이라도 좋겠어요. 네가 정히 그렇다니 우선은 주겠지만 나중에 용도를 말해야 한다. 네 어머니 고맙습니다. 이렇게 하여 항복 어린이는 밤 대추를 사서 접시에 담아서 새 새끼 무덤 앞에 정성스럽게 차려놓고 제사를 지내는데 두 어린이가 나란히 같이 서서 아이고 하고 크게 맞소리내어 울고 나서는 두 어린이가 같이 의논해서 지은 제문. 제사 지낼 때 읽는 글.(이하 없음)

고 시켜 사람 사려는 까닭을 물은즉 구

대답이 우리는 본디 황성 사람으로서 장사차로 배르타고

만리 밖에 단니더니 배 갈에 인당수라 하는 물이 잇어 변화

불측하여 잣칫하면 몰사를 당하는데 십오세 처녀를

제수로 제사를 지내면 수로 만리를 무사히 왕내하고 장사

도 흥왕하옵기로 생애가 원수로 사람 사려 다니오니 몸을 팔

처녀 잇사오면 값을 관계치 않고 주겟나이다 심청이 그제야 나서

며 나는 본촌 사람으로 우리 부친 안맹하여 세상을 분별

부처에게 시주하는 쌀2 중국의 서물3 제물4 눈이 멀어

칠십 둘씨 글 심천전

공양미 삼맥석 하루는 유모귀덕어미가 오더니 아가시
이상한 일 보앗나 이마 무삼일이 이상하오 어떠한 인지 싶어
명씨 다니면서 갉은 고하간에 섯오세 처니를 사겟다고 대
너너 그런 미천놈들이 잇소 심청이 속맘음으로 반맘져 두교
여보 그말 진정이오 정말로 그리될 양이면 그 다니는 사람
중에 노숙하고 점잖은 사람을 불너오되 말이 밖에 나지 않게
오오 귀덕어미 대답하고 과연 데려왓는지라

[illegible]리 아옵소서 리차에 상약하고 [illegible] 선인들이 공양미
삼백석을 몽운사예 보냇더라 심소저는 귀덕어미를 백번
이나 단속하여 말못나게 한연후에 집으로 들어와 부친전에
엿짜오되 아버지 짐짓마다 단니며 시주를 받아 절에 양식을 대눈궁
몹시 가난하여 할아서 몹시 슬흐고 마음이 답답하여 서로 약속
하고 왜 그러느냐 공양미 삼백석을 몽운사로 올렸나이다
심봉사 깜짝 놀라서 그게 어쩐 말이냐 삼백석을 몽운사로 올리나
[illegible] 보내어 심청이 같은 호성으로 거짓말을 하여 붓친을 속일
까마는 사세부둑이라 잠깐 속여 여쭙눈다 일전에 무릉촌 장

못하기로 평생에 한이 폐여 하늘전 축수하[illegible]더니 모은사화
주승이 공양미 삼백석을 불전에 시주하면 눈을 떠서 보리라
하되 가세가 미진하여 주선할길없사기로 내 몸을 방매하여
발원하기 바라오니 나를 삼이 어떠하오 내 나이 십오세라
그 아니 적당하오 선인이 그말 듣고 심소제를 보더니 마음이
역색하여 다시 볼 정신이 없어 고개를 숙이고 묵묵히 섰
다가 낭자 말씀 듣자오니 거룩하고 장한 호성 비할데 없
삽내다 이렇듯이 치하한 후에 저의 일이 긴한지라 그리하오
아니 행선 날이 언제니까 내월 [illegible]날이 행선하는날

[illegible]과안명하신부친영결하고죽을일이정신이아득
하여일에도뜻이없어식음을전폐하고시름없이지내다가다시생
각하여본니엎질러진물이되고쏘아놓은살이로다내몸이죽어
지면춘하추동사시절에부친의복뉘라다할가아직살아잇
을때아배지사천의복마종지어드리리라하고춘추외복과하
동의복모에싸서농에넣고갓망건도새로사서걸어두고행
선날을기다릴제하룻밤이격한지라밤은깊어상경인데은하
수는기울어져촛불이희미할제두무릎을쪼그리고아무리
생각한들심신을날정이라부친의벗은버선몰이나마중

승상댁부인께서 소문보고 말씀하시기를 수양딸노릇
하라하매되 아버지계시기로 허락아니하였는데 사세부득하
예이말씀사뢰었더니 부인이 반겨듣고 쌀삼백석 주시기로 몽
운사에보내옵고 수양딸로 팔렸숩내다 심봉사물색모르고
대소하며 즐겨한다 어허 그일잘되였다 언제데려간다더나
내월십오일에 데려간다하옵데다 네게가살더라도 나살기
관계찮지어 참으로잘되엿다 부녀 간에 같이 문답하고 부친을
위로한후 심청이 그날붙터 선인을따라갈 일을곰곰생각
[illegible]사람이 세상에 생겨나서 한때를못보고 이팔청춘에

고금천지간 또잇을가 우리부친 곤하시 [illegible] 또신 살자한 굴
조석공양 뉘라하며 고생하다 죽사오면 또어는 자식 잇어 머리풀고
애통하며 초종장례 맥마지막 슬품으로 목메어 울며 손발이 잘림과
같음 요긴한 사람이나 물건이 없어져 아쉬움재산도 없고 의지할
것도 없는 외로운 몸 죽은 후 장사를 다 치를때까지의 모든 의식
절차 소대기며 연년 오는 기제사에 밥한 그릇 물한 그릇 뉘라
서 차려놀까 몹쓸 년의 팔자로다 이레 안레 못친 있고
붓친마저 이별하니 이런 일도 또잇는가 우리부녀 이 이별은
영영 죽어가니 어는때 소식 알며 어 날에 만나 볼고까 돌아

받으리라 바늘에 실을 꿰에 손에 들고 하염엿는 눈물이 간장
에서 솟아 올라 경경 열열하여 부친 귀에 들리지 않게 속으로
늦겨 울며 부친의 낯에다가 얼굴을 가만히 대어보고 수족만 지면서
오늘밤 모시면 다시는 못 뵐 테지 내가 하면 죽어지면 여단수족
우리 부친 누굴 밋고 살으실가 애닯도다 우리 부친 내가 철을
안 연후에 밤 빌기를 하엿더니 이제 내 몸 죽어지면 춘하추동 사시
절을 동네 걸인 되겟구나 눈총인들 오죽하며 괄시인들 오죽
할가 부친 겻에 내가 모셔 백세까지 공양타가 이별을 당하여도
망극한 이 설움이 측량할 수 없을텐데 하물며 이러한 생이별

[illegible]친어찌잊고가잘말가바새[illegible]고동망이밝아
이밝아오니부친진지지으려고문을열고나서보니별서선인들이
심비밖에주저주저하며소상과대상소상은사람이주어운지한돌
만에대상은두돌만에지내는제사바다와육지가판이하게다른이
철릿길또멀다고여기지않음4해년어가는곳5해뜨는곳오늘
해설날이온니스이가게하옵소서심청이그말듣고대면에두눈에
서눈물이빙돌아목이매여어시비밖에나가서여보시오선인네
들오늘힝선하는줄은내가이미알거니와부친이모르오니잠간지체
하옵시면불쌍하신우리부친진지나하여상을올려잡순후에
말씀여쭈옵고떠나게하오리다선인이가긍하여그리하오허락

가신우리모친황천으로들어가고나는이제죽게되면수궁을갓
갈테이나수궁에들어가서모녀상봉하자한들황천과수궁에서
황천가기몃철리나된다는[illegible]지황천을묻고물어불원천리차자간
들모친이나를어이알며나는모친어이알리만일알고뵈옵는날
부친소식묻자오면무슨말로대답할꼬오늘밤오경시를함
지에며무르고내일아침돋는해를부상에매엿으면하늘갓튼우리
부친더한번보련마는밤가고해돋는일그뉘라서막을손가천지
가사정이옥고닭이우니심청이기가막혀닭아닭아우지마라[illegible]네가
울연날이새고날이새면나죽는다나[illegible]는셟지앉으나의지없는

례를하고한엿시가보이니수례할리는 [illegible] 사람하는것이라
아마도오늘무릉촌승상댁에서너를가마태워가려나보다심청이
들어본니분명이자기죽을꿈이로다속으로슬픈생각가
득하나겉으로는아무쪼록부친이안심호록그꿈이장히좋소이다
대답하고진지상을물려내고담배피워물린후에사당에하직
차로세수를정히하고눈물흔적없앤후에정한의복갈아
입고후원에들어가서사당문가만히열고주과를차려놓고통
곡재배하직할제불효여식심청이는부친눈뜨게하오려고남
경장사전인들께삼백에몸이팔려인당수로떠나오니소녀가

하니심청이들어와서눈물섞어밥을지어부친앞에상을
올리고아무쪼록진지많이잡수시도록하느라고상머리에
마주앉아자반도뚝뚝떼어수제위에올려놓고쌈도싸서입
에넣어아버지진지많이잡수시오오나많이먹으마오늘은별노반찬
이매우좋구나뉘집제사지냈느냐심청기가막히속으로만
느끼울며훌적훌적소리나니심봉사물색엇이귀밝은체말
을한다악아너몸아프냐감기가들엇나보구나오늘이몇칠이
나오늘이열닷새지응부녀천륜이중하니몽조가어찌없을소나
심봉사가간밤꿈이야기를하되감 을꿈니네가큰수

심청이 정신차려 아버지 오니 제가 불효 여식으로 아버지를
속였소 공양미 삼백석을 누가 저를 주오리까 남경장사
선인들께 삼백석에 몸을 팔아 인당수 제수로 가기로 하와
오늘 행선날이 오니 저를 오늘 마종보오 사람이 슬픔이 극진
하면 가슴이 막히는 법이라 심봉사 하기가 막혀 놓으니 울음
도 아니 나오고 실성을 하는데 애고 이게 웬말이냐 응 참말이냐
농담이냐 말 같지 아니하다 나더러 뭇지도 않고 네 마음대로
한다 말가 네가 살고 네 눈 뜨면 그는 응당 하려니와 자식 죽여 눈
을 뜬들 그게 차마 할 일이냐 너이 뭇친 너를 낳고 이레 안에

죽더라도 아버의 눈 뜨우고 ㅎ착한 부인 작배하여 아들 딸

낫고 딸을 낳아 조상 향화 전케 하오 이렇게 축원하고 문

닫으며 우는 말이 소녀가 죽사오며 이 문을 누가 여닫으며 동지

한식 단오 추석 사명절이 온들 주과포 회를 누가 다시 올리

오며 분향재배 누가 할꼬 조상이 복이 없어 이 지경이 되옵는지

불쌍한 우리 부친 무강근지 친족하고 앞 못보고 형세 없어

믿을 곳이 되니 어찌 잊고 돌아갈까 우루루 나오더니 자기 부친

안은 앞에 철썩 주저앉아 아버지 부르더니 말 못하고 기절한다

심봉사 깜짝 놀라 애야 웬일이냐 봉사의 딸이라고 누가 정가

하더냐 이것이 회동하였구나 어쩐 일이냐 말 좀 하여라

죽은후의눈조차어둔놈이품안에너를안고이집저집다니면서
동냥젓얻어먹어그만큼이나자랐기로한시름잊었더니이게웬
말이냐눈을팔아너를살때너를팔아눈을산들그눈해서무엇
하랴어떤놈의팔자로서아내죽고자식잃고사궁지수가된단말
가네이선인놈들아장사도좋거니와사람사다제수하는데어디서보
았느냐하느님의어지심과귀신의밝은마음앙화가없을쏘냐눈먼
놈의무남독녀철모르는어린것을나모르게유인하여산단말이
웬말이냐쌀도싫고돈도싫고눈뜨기다싫다네이독한상놈들아
심천전에서

14. 칠십 둘에 쓴 글 심청전

공양미 삼백석

하루는 유모 귀덕어미가 오더니 아가씨 이상한 일 보았나이다. 무슨 일이 이상하오. 어떠함인지 십여 명씩 다니면서 값은 고하간에 십오 세 처녀를 사겠다고 다니니 그런 미친놈들이 있소. 심청이 속맘으로 반겨 듣고 여보 그 말 진정이오. 정말로 그리 될 양이면 그 다니는 사람 중에 노숙하고 점잖은 사람을 불러오되 말이 밖에 나지 않게 (지워짐) 오오. 귀덕어미 대답하고 과연 데려왔는지라.

(지워짐) 시켜 사람 사려는 까닭을 물은즉 그 사람 대답이 우리는 본디 황성 사람으로서 장사차로 배를 타고 만 리 밖에 디니더니 뱃길에 인당수라 하는 물이 있어 변화불측하여 자칫하면 몰사를 당하는데 십 오세 처녀를 제수로 제사를 지

내면 수로만리를 무사히 왕래하고 장사도 흥왕 하옵기로 생아가 뭔 수로 사람 사러 다니오니 몸을 팔 처녀 있사오면 값을 관계치 않고 주겠나이다.

심청이 그제야 나서며 나는 본촌 사람으로 우리 부친 안맹하여 세상을 분별 부처에게 시주하는 쌀2 중국의 서울3 제물4 눈이 멀어 못하기로

평생에 한이 되어 하늘 전 축수하더니 몽은사 화주승이 공양미 삼백 석을 불전에 시주하면 눈을 떠서 보리라 하되 가세가 미진하여 주선 할 길 없삽기로 내 몸을 방매하여 발원하기 바라오니 나를 삼이 어떠하오. 내 나이 십 오세라. 그 아니 적당하오. 선인이 그 말 듣고 심소저를 보더니 마음이 어색하여 다시 볼 정신이 없어 고개를 숙이고 묵묵히 섰다가 낭자 말씀 듣자오니 거룩하고 장한 효성 비할 데 없삽네다. 이렇듯이 치하한 후에 저의 일이 긴한 거라 그리하오(지워짐)하니 행선 날이 언제니까. 내월 십오일이 행선하는 날(지워짐) 그리 아옵소서. 뒤차에 상약하고 (지워짐) 선인들이 공양미 삼백 석을 몽은사에 보냈더라.

심소저는 귀덕어미를 백번이나 단속하여 말 못나게 한 연후에 집으로 들어와 부친 전에 여짜오되 아버지 집집마다 다니며 시주를 받아 절에 양식을 대는 중 몹시 가난하여 팔아서 몹시 슬프고 마음이 답답하여 서로 약속하고 그러느냐.

공양미 삼백 석을 몽은사로 올렸나이다. 심봉사 깜짝 놀라서 그게 어쩐 말이냐. 삼백 석을 몽은사로 보내어 심청이 같은 효성으로 거짓말을 하여 부친을 속일까마는 사세 부득이라 잠깐 속여 여쭙는다.

일전에 무릉 촌장 승상 댁 부인께서 소녀보고 말씀하시기를 수양딸 노릇하라 하되 아버지 계시기로 허락 아니하였는데 사세 부득하여 이 말씀 사뢰었더니 부인이 반겨 듣고 쌀 삼백 석 주시기로 몽은사에 보내옵고 수양딸로 팔렸습네다. 심봉사 물색 모르고 대소하며 즐겨 한다. 어허, 그 일 잘되었다. 언제 데려 간다더냐. 내월 십오일에 데려간다 하옵데다. 거기 가 살더라도 나 살기가 괜찮지. 참으로 잘 되었다.

부녀간에 같이 문답하고 부친을 위로 한 후 심정이 그날부터 선인을 따라갈 일을 곰곰 생각(지워짐) 사람이 세상에 생겨나서 한때를 못보고 이팔청춘에 (지워짐) 과

안명하신 부친 영결하고 죽을 일이 전신이 아득하여 일에도 뜻이 없어 식음을 전폐하고 시름없이 지내다가 다시 생각하여 보니 엎질러진 물이 되고 쏘아 놓은 살이로다. 내 몸이 죽어지면 춘하추동 사시절에 부친의 복 뉘라 다할까. 아직 살아있을 때 아버지 사철의복 마저 지어 드리리라 하고 춘추의복과 하동 의복 보에 싸서 농에 넣고 갓망건도 새로 사서 걸어두고 행선 날을 기다릴 제 하룻밤이 격한지라. 밤은 깊어 사경인데 은하수는 기울어져 촛불이 희미할 제 두 무릎을

쪼그리고 아무리 생각한들 심신을 난정이라.

부친의 벗은 버선볼이나 마저 받으리라.

바늘에 실을 꿰어 손에 들고 하염없는 눈물이 간장에서 솟아올라 경경열열하여 부친 귀에 들리지 않게 속으로 느껴 울며 부친의 낯에다가 얼굴을 가만히 대어보고 수족도 만지면서 오늘 밤 보시면 다시는 못 뵐 테지. 내가 한번 죽어지면 여단수족 우리 부친 누굴 믿고 살이실까 애답도다. 우리 부친 내가 철을 안 연후에 밥 빌기를 하였더니 이제 내 몸 죽어지면 춘하추동 사시절을 동네 걸인 되겠구나. 눈총인들 오죽하며 괄시인들 오죽할까. 부친 곁에 내가 모셔 백세까지 공양타가 이별을 당하여도 망극한 이 설움이 측량할 수 없을 텐데 하물며 이러한 생이별 동서고금 천지간 또 있을까.

우리 부친 곤한 (지워짐) 단신 살자한들 조석공양 뉘라하며 고생하다 죽사오면 또 어느 자식 있어 머리 풀고 애통하며 초종장례 마지막 슬픔으로 목메어 울어 손발이 잘림과 같은 요긴한 사람이나 물건이 없어져 아쉬움 재산도 없고 의지할 것도 없는 외로운 몸 죽은 후 장사를 다 치를 때까지의 모든 의식절차 소대기며 연년 오는 기제사에 밥 한 그릇 물 한 그릇 뉘라서 차려 놓을까. 몹쓸 년의 팔자로다.

이레 안에 모친 잃고 부친마저 이별하니 이런 일도 또 있는가. 우리 부녀 이 이별은 영영 죽어 가니 어느 매 소식 알며 어느 날에 만나 볼까.

돌아가신 우리 모친 황천으로 들어가고 나는 이제 죽게 되면 수궁으로 갈 터이니 수궁에 들어가서 모녀상봉 하자한들 황천과 수궁에서 황천 가기 몇 천리나 된다는지. 황천을 묻고 물어 불원천리 찾아간들 모친이 나를 어이 알며 나는 모친 어이 알리. 만일 알고 뵈옵는 날 부친 소식 묻자오면 무슨 말로 대답할꼬. 오늘 밤 오경시를 함지에 머무르고 내일 아침 돋는 해를 부상에 매었으면 하늘 같은 우리 부친 더한 번 보련마는 밤 가고 해 돋는 일 그 뉘라서 막을 손가. 천지가 사정. 이읏고 닭이 우니 심청이 기가 막혀 닭아, 닭아 우지마라. 네가 울면 날이 새고 날이 새면 나 죽는다.

나(지워짐) 섧지 않으나 의지 없는 (지워짐) 부친 어찌 잊고 가잔 말가. 밤새(지워짐) 고동 방이 밝아오니 부친 진지 지으려고 문을 열고 나서보니 벌써 선인들이 십리 밖에 주저주저하며 소상과 대상 소상은 사람이 죽은 지 한 돌 만에 대상은 두 돌 만에 지내는 제사. 바다와 육지가 판이하게 다르니 천리 길도 멀다고 여기지 않음4. 해 넘어가는 곳5. 해 뜨는 곳. 오늘 행선 날이오니 속히 가게 하옵소서.

심청이 그 말 듣고 대번에 두 눈에서 눈물이 빙 돌아 목이 매어 십리 밖에 나가서 여보시오 선인네들 오늘 행선하는 줄은 내가 이미 알거니와 부친이 모르오니 잠깐 지체 하옵시면 불쌍하신 우리 부친 진지나 하여 상을 올려 잡순 후에 말씀 여쭈옵고 떠나게 하오리다. 선인이 가증하여 그리하오.

허락하니 심청이 들어와서 눈물 섞어 밥을 지어 부친 앞에 상을 올리고 아무쪼록 진지 많이 잡수시도록 하느라고 상머리에 마주 앉아 자반도 뚝뚝 떼어 수저 위에 올려놓고 쌈도 싸서 입에 넣어 아버지 진지 많이 잡수시오. 오냐. 많이 먹으마. 오늘 유별로 반찬이 매우 좋구나. 뉘 집 제사 지냈느냐. 심청이 가만히 속으로만 느껴 울며 훌쩍훌쩍 소리 나니 심봉사 물색없이 귀 밝은 체 말을 한다. 아가, 너 몸 아프냐. 감기가 들었나보구나. 오늘이 며칠이냐. 오늘이 열닷새지. 응. 부녀 천륜이 중하니 몽조가 어찌 없을쏘냐.

심봉사가 간밤 꿈 이야기를 하되 간밤에 꿈을 꾸니 네가 큰 수레를 타고 한 여식아가 보이니 수레라 하는(지워짐) 사람 타는 것이라. 아마도 오늘 무릉촌 승상댁에서 너를 가마 태워가려나 보다. 심청이 들어보니 분명히 자기 죽을 꿈이로다.

속으로 슬픈 생각 가득하나 겉으로는 아무쪼록 부친이 안심토록 그 꿈이 참이 좋소이다. 대답하고 진지상을 물러내고 담배 피워 물린 후에 사당에 하직차로 세수를 정히 하고 눈물 흔적 없앤 후에 정한 의복 갈아입고 후원에 들어가서 사당문 가만히 열고 주과를 차려 놓고 통곡재배 하직할 제 불효여식 심청이는 부친 눈 뜨게 하오려고 남경 장사 선인들에게 삼백에 몸이 팔려 인당수로 떠나오니

내가 죽더라도 아버지의 눈 띄우고 착한 부인 작배하여 아들 낳고 딸을 낳아 조상 향화전케 하오. 이렇게 축원하고 문

닫으며 우는 말이 소녀가 죽사오며 이 문을 누가 여닫으며 동지 한식 단오 추석 사명절이 온들 주과조회를 누가 다시 올리오며 분향재배 누가 할꼬. 조상이 복이 없어 이 지경이 되옵는지. 불쌍한 우리 부친 무강 근지 친족하고 앞 못 보고 형세 없어 믿을 곳이 되니 어찌 잊고 돌아갈까.

우르르 나오더니 자기 부친 앉은 앞에 철썩 주저앉아 아버지 부르더니 말 못하고 기절한다. 심봉사 깜짝 놀라 아가 웬 일이냐. 봉사의 딸이라고 누가 정가하더냐. 이것이 회동하였구나. 어쩐 일이냐. 말 좀 하여라.

심청이 정신 차려 아버지 오냐. 제가 불효여식으로 아버지를 속였소. 공양미 삼백 석을 누가 저를 주오리까. 남경 장산 선인들께 삼백 석에 몸을 팔아 인당수 제수로 가기로 하와 오늘 행선 날이오니 저를 오늘 마저 보소. 사람이 슬픔이 극진하면 가슴이 막히는 법이라 심봉사 하 기가 막혀 놓으니 울음도 아니 나오고 실성을 하는데 에고 이게 웬 말이냐. 응, 참말이냐. 농담이냐. 말 같지 아니하다. 나더러 묻지도 않고. 네 마음대로 한단 말가. 네가 살고 내 눈 뜨면 그는 응당하려니와 자식 죽어 눈을 뜬들 그게 차마 할 일이냐.

너의 모친 너를 낳고 이레 안에 죽은 후에 눈조차 어둔 놈이 품안에 너를 안고 이집 저집 다니면서 동냥젖 얻어 먹여 그만큼이나 자랐기로 한시름 잊었더니 이게 웬 말이냐. 눈을 팔아 너를 살데 너를 팔아 눈을 산들 그 눈 해서 무엇 하랴. 어떤 놈의 팔자로서 아내 죽고 자식 잃고 사궁지수가 된단 말가. 예이 선인 놈들아 장사도 좋거니와 사람 사다 제수하는데 어디서 보았느냐. 하느님의 어지심과 귀신의 밝은 마음앙 한가. 어쩔쏘냐. 눈먼 놈의 무남독녀 철모르는 어린 것을 나 모르게 유인하여 산 단 말이 뭔 말이냐. 쌀도 싫고 돈도 싫고 눈뜨기 내 나 싫다네. 이 독한 상놈들아. 〈심청전에서〉

하여큰 살임을 찰 사는대 오온 세상 사람 다 혼자사
는대 불상한 우리 사돈 고금에도 첩음볼 이네 생각할
수 이래도 드지 엇고 생각할수록 눈물나네 천수에 흐린
물이 우리 현세 눈물이예 문풍에 부는 바람 죠영도 한숨
인가 노 세상 행인 방불하네 섭섭한 이 사돈 아나논 칠
삼 행생녀머는대 혈덕한 우리 사돈 육신 세에 갖치낫소
후세상에 다시 마나 세세 전답타 하세다

말이 가신 사돈 말노소는 전송 못하 하고 편을 으로소
두어자 기리[illegible]이다 징항하시요 조줌여 고이[illegible] 너 창
영쥬시 굴자호구조운가문 출파하여 칠난매 마지아서
산전수전 지난 세상 칠얼 [illegible]칠성 견우와 [illegible]여 [illegible]럼
스라에 아들 두어 양인이 서로 기르모르고 혼자서
들먼 울고 날먼 울고 애한 기탄 키운 아들 오죽 갓치
잘자나서 천상 백질 부부 만나 일여 일[illegible] 남 잘두서
게유 갓치 잘 키고 현철하고 우리 현서 총명하고 영이

혈혈단신 흐느낀 현 니 하늘 체려보고 인내

여자라 하는거선 부모보다 가장이 중한 거시다

깃히드라

조시다 엇마를 갖피 [illegible] 는 헹제 [illegible] 상지사우로 싸인는대

헐헌 담신 스그난편 니하나 체피보니 [illegible] 에차하는거선 부모보다

가장이 중한이 깃피 [illegible]

생각하[illegible]

[illegible]

[illegible]

[illegible]

[illegible]

[illegible]

15. 멀리 가신 사돈 말로서는 전송 못하고 정으로서 두어 자 기리리다.

진양하씨 요조숙녀 고이 길러 창영조씨

군자 호구 좋은 가문 출가하여 칠남매 맏이로 와서 산전수전 지난 세상 칠월칠성 견우와 직녀처럼 슬하에 아들 두어 양인이 서로 기르지 못하고 들면 울고 날면 울고 애탄기탄 키운 아들 오죽 같이 잘 자라서 천상배필 부부 만나 일녀일남 잘 두어서 거위같이 잘 키우고 현철한 우리 현서 총명하고 영리하여 큰살림을 잘 사는데 온 세상 사람 다 혼자 사는데, 불쌍한 우리 사돈 고금에도 처음 볼 일이네. 생각할수록 더적 없고 생각할수록 눈물 나네. 천수에 흐린 물이 우리 현서 눈물이네. 문풍에 부는 바람 조영도 한숨인가. 노상행인 방불하네. 섭섭한 이 사돈아 나는 칠십 평생 넘었는데 현덕한 우리 사돈 육십 세에 끝이 났소. 후세상에 다시 만나 세세

정담 다합시다. 이만 끝.

조실아 엄마 말 깊이 들어라. 너는 형제가 상지하우로 쌓였는데 혈혈단신 너희 남펵 너 하나 쳐다보니 여자라 하는 것은 부모보다 가장 귀중한 이같이 생각하여라.

納幣之儀不備伏惟

僉尊照謹拜上狀

癸酉年正月二十六日

全州后人崔雨水　再拜

時維新元

尊體百福僕之第次子載信年旣長成

未有伉儷伏蒙

尊慈許以令愛貺室玆有先人之禮謹行

16 | 최병수 아버지께서 쓰신 사성 (막내 재신 혼사) - 2

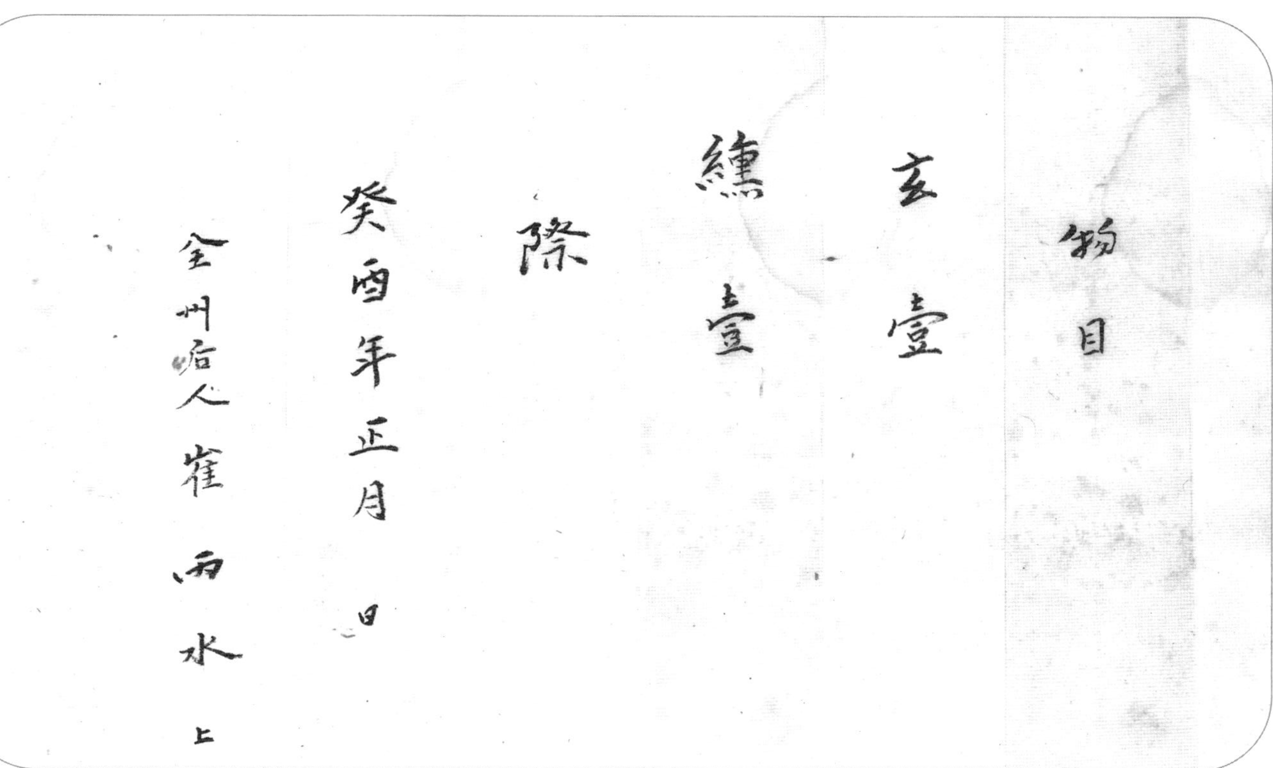
物目

玄壹

纁壹

際

癸酉年正月 日

全州后人 崔丙水 上

16. 최병수 아버지께서 쓰신 사성 (막내 재신 혼사)

상장

근봉

이생원

시유신원

- 정초에 올리는 첫 인사

본체백복 복지책차자 재신 년기장성

- 종과 같은 자식 결혼 할 나이가 찼습니다.

미유항려복가

- 아무것도 없지만 배필을 맺어 주실 것을 귀댁에 엎드려

부탁드립니다.

존자허이 금애황실 자유선인지예 근행
- 자비로운 마음으로 허락하시어 귀댁의 사랑하는 자녀를 주시기를 바라오며 많은 자녀 중에서 먼저 택하여 혼인해 주심을 감사드립니다. 근행(끝맺는 인사)

납폐지의 불비복유
- 혼수물을 아직 생각지를 못하여 갖추지 못한 것을 미안하게 생각합니다.

존조근배상장
- 높게 보여지는 분께 올리는 글

계유년 정월 22일

전주후인 최병수 재배

물목

-혼수물 별도

혀임

-검은 옷 한 벌

훈일

-해가 지고 어두워지기 전에 보냄

제

계유년 정월 일

전주후인 최병수 상

서들중에서 부는병중에 계시는대 빨갱이가 죽다자바아 간다말을 듯
고무스와서 시무남 뻥 난방안자스니 무스 위잇는중에 형사왔서 안으로서 서나오
라하는대 문을나오니 아빠기을 어머시오 하근대 엇고따라가니 동내사람다
모아놓고 무지낙태를 치네 순사넘들하는말 리빨갱이 어미가죽을모
아둔이 하물차에 다실고 지서로 다가 이월딸 찬밤 해에 면사람다
모아놓고 떼모나는 장작쪼각을 들고 호학안 순사놈들 데사나는오
대잇노 하면서 아이는 뺏드라서 할머이는 맥기고 약죽역개 무지낭래 뚜리며
문서잔에 해가진이 가죽을 다모아서 하이면 지서을 다넨기네 여개가 처지로
록 치소박고 잇는중에 저역밤이 드러오는데 아이잇는 엄마는 주무밥을
두둘글 주는대 그밥을 먹을대 두눈에 눈물이 비오는드시 흘너많은
이가 안보인중에 포악한 순사 하는말리 이재이넨들고 성경찰서 모조
리 할물차에 다시실 어갈대에 근맥에 종동서 하신말이 시냉천 탈에

한평생살 소설가 2

고성

행정박달 제양정시 수대확동 천주회시백년게약매진후로무학놓
살림사리일년을못살고일문전쟁이빨하고산도설고물도설도꽃숩곳을
내드르어이제도안한어린마암천방짓축몰나구나발년을살고난니일
분천남마암조아두손들고해방데여천아만민하영하네해방뎐이
개월만에전쟁가그에몸이고양을도라온니온가족학목하네그년후
에자녀을두어는대우키옥쉬외파을더베가비외활문하신말슴
요못는반달것다친정모주하신말이이탈청춘희빵수가살아올까
주어올가한시도잇칠날이업드마는천운이돌바는가무사이도라와서
처자자식앞세우고처과집을들려온퇴굼인파생신안가재신장모하신
말슴딸고흔우키옥기게오갓치살기고히〃낙〃살자아 하신굿데
듯박에도이리나서뺄갱이가왼인가생각중에동민이따보이스밤낫으로

자드러온다하기에체러뫼티 행사놈들하는꼴동두문다시볼수엄데눈을
감고밥을새와 행사 놈들하는말이할일면자수자가죽은다나가라하기에
안자셀이 몬보이는그모숩이만민사람속에아기처럼기에와서연마고불너보
고옥기를만지 하는말리내신을홀이서신차지로내가와소갓수들들이
가바아이처름기예가네나는눈을감고안바는대시어문이한숨소리대
모디가 어터는구나 그력저력세월 가서마산 행맥수로너메가고시부
는벌세하고옥중생활하는중에마산이어디라고듯도보도안한대로
부모형제면에 떠기갓다보고온시어문이한숨소리두문다시못듯겄
네 그력저력세월가서모진지술안아대면무지석방물이나와안네
그력저력세월가서금지옥지우리재옥을후어잇는중에육오사면에헤
나서인민군이네러닥쳐송내사람즈그편이라고밥낫엇지버굴중에폭

인대 하던니 대성통곡 우룸우예 내가 주그면 저그를 누가 수발할고
구는 소리 반기에도 안들이고 옥게로 엿고 안자신이 조악가는 순사놈들
옥기를 보고 하는말리 빨갱이 그놈이 달를 못찻잘니눈고 하든니 등
에 잇는 아이를 버든고 쫏아 고이리 만지고 저리만지고 하던이 등에 다시 더배
와서 엿고 고성 경찰서 아무도 엿고 행사 하나 밥을 낫기 준서 하는말리
아이 어번 저아주마 주라 합서 밥을 주면서 먹으르고 하는중에 유흥이 판
니 학교 통기생이 까만 두리막이 잇고 으로 오든 천낫에 나를 체러보는중
에 행사가 들러오던이 양죽촌에 빵만 이를 들고 조악한 순사논들 역
개서 데리 밨슨는대 가만 두루 막자리 나비처럼 나는대 내악 길모캄캄
한대 눈 떠고 못보건데 긴다이고니 주을 날고 못실지슬니 그래은노
그렇 저렇 하는중에 예무장에 드간니 죽어나가는 사람 반치드라 하일면자수

[illegible]

고재목꺽소리 할무이는 옥기를 떴고 나는 재욱이를 엇고

[illegible]

으 월필름 날짜 곳대 응낙골 의관 가서 안자신이 돌보

[illegible]

지난 우리재욱 추서 이라고 노방지 비단저고리 등에 청방

[illegible]

축 우리재욱 혹을 하서다 버리네

[illegible]

력 저컥 아들딸 육남매을 잘 두에서 조은 가문 가리워서

[illegible]

목하고 계 잘사는대 우던이 병이나서 칠십 쨍생 곳들보고

[illegible]

상황 인방 불하네

[illegible]

17. 한평생 산 소설가 2.

행정박달 진양정씨 수대학동 전주최씨 백년가약 맺은 후로 고성 무학동 살림살이 일 년을 못 살고 일본전쟁 이별하고 산도 설고 물도 선 곳 시집으로 나를 들이니 이십도 안 된 어린 마음 천방지축 몰랐구나. 반년을 살고 나니 일본천황 두 손 들고 해방되어 천하 만민 환영하네. 해당된 이 개월 만에 전쟁 간 그의 몸이 고향을 돌아오니 온 가족 화목하네. 이년 후에 자녀를 두었는데 우리 옥희 외가를 데려가니 외할머니 하신 말씀 용모는 반달 같다. 친정 모주 하신 말이 이팔청춘 최병수가 살아올까 죽어올까 한시도 잊힐 날이 없더마는 천운이 돌봤는가. 무사히 돌아와서 처자식을 앞세우고 처갓집을 들어오니 꿈인가 생시인가. 장인장모 하신 말씀 달 같은 우리 옥희 거위같이 잘 키우고 희희낙락 잘 살아라 하신 끝에 뜻밖에도 일이 나서 빨갱이가 웬 일인가.

생각 중에 동민이 다 모여서 밤낮으로 서두는 중에 시부는 병중에 계시는데 빨갱이 가족 다 잡아간다는 말을 듣고 무서워서 시부님 병 난 방안에 앉았으니 무서워 있는 중에 형사가 안으로 들어서서 나오라 하는데 문을 나오니 아기를 업으시오 하건데 업고 따라가니 동네 사람 다 모아놓고 무지낭태를 치네. 순사 놈들 하는 말이 빨갱이 어미 가족을 모으더니 화물차에 다 싣고 지서를 가 이월달 찬 밤에 면사람 다 모아놓고 네모난 장작 조각을 들고 포학한 순사 놈들이 네 사내는 어디 있노 하면서 아이는 뺏어서 할머니한테 맡기고 양쪽 어깨를 무지낭태로 두드리더니 서산에 해가 지니 가족을 다 모아서 하이면 지서로 다 넘기네.

어깨가 처지도록 취조 받고 있는 중에 저녁밥이 들어오는데 아이 있는 엄마는 주먹밥을 두 덩어리 주는데 그 밥을 먹을 때 두 눈에 눈물이 비 오듯이 흘러 밥덩이가 안 보인 중에 포악한 순사 하는 말이 이제 이년들 고성 경찰서로 모조리 화물차에 다시 실어 간다 할 때에 큰댁에 종동서 하신 말이 신행 전 달인데 하더니 대성통곡 울음 우네. 내가 죽으면 저것을 누가 수발할고 하는 소리 반 귀에도 안 들리고 옥희를 업고 앉았으니 포악한 순사 놈들이 옥희를 보고 하는 말이 빨갱이 그놈이 딸을 무척 잘 낳았다고 하더니 등에 있는 아이를 보듬고 좋다고 이리 만지고 저리 만지고 하더니 등에 다시 데려와서 업혀주고, 고성경찰서 아무도 없고 형사 하나 밥을 남겨주면서 하는 말이 아이 업은 저 아줌마 주라함서 밥을 주면서 먹으라고 하는 중에 영현면 학교 동기생이 까만 두루마기를 입고 들어오더니 첫 낯에 나를 쳐다보는 중에 형사가 들어오더니 양쪽 손에 방망이를 들고 포악한 순사 놈들이 어깨를 때려 부수는데 까만 두루마기 자락이 나비처럼 나는데 내 앞길도 캄캄한데 눈 뜨고 못 보겠네. 그렇다고 네가 죽으려고 몹쓸 짓을 네가 그랬던가.

그럭저럭 하는 중에 연무장에 들어가니 죽어나가는 사람이 반이더라. 하일면 자수자 들어온다기에 쳐다보니 형사 놈들 하는 경동 두 번 다시 볼 수 없네. 눈을 감고 밤을 새니 형사 놈들 하는 말이 하일면 자수자가 죽었다고 나가라하기에 앉았으니 못 보이던 그 모습이 만민 사람 속에 아기처럼 기어와서 엄마하고 불러보고 옥희를 만지며 하는 말이 내 신발을 흘려서 신 찾으러 내가 왔소. 간수들이 들을까봐 아이처럼 기어가네. 나는 눈을 감고 안 봤는데 시어머니 한숨소리 대못 티가 튀는구나.

그럭저럭 세월 가서 마산 형무소로 넘어가고 시부는 별세하고 옥중 생활하는 중에 마산이 어디라고 듣도 보도 안 한 데를 부모형제 면회 댕겨 갔다 보고 온 시어머니 한숨소리 두 번 다시 못 듣겠네. 그럭저럭 세월 가서 모진 짓을 안 할 테면(약조를 한 듯) 무죄석방 풀려나왔네.

그럭저럭 세월 가서 금지옥엽 우리 재옥을 두어 있는 중에 육이오사변이 일어나서 인민군이 내려닥쳐 송내 사람 저그편이라고 밤낮없이 버글거리는 중에 독고재 폭격소리 할머니는 옥희 업고 나는 재옥이를 업고 팔월보름날 제사 끝에 응낙골 피난 가서 앉았으니 돌도 안 지난 우리 재옥 추석이라고 노방지 비단저고리 등에 천방지축 우리 재옥 흙을 파서 다 버리네.

그럭저럭 아들 딸 육남매를 잘 두어 좋은 가문 가려서 행복하게 잘 사는데 우연히 병이 나서 칠십 평생 끝을 보고 노상행인 방불하네.

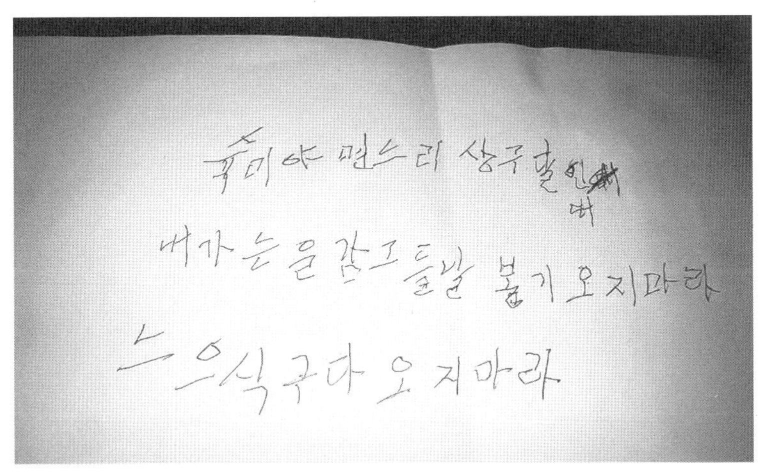

소천하시기 한 달 전 이 글을 남기고 펜을 놓았다.
숙미야(나) 며느리 산고달인데(출산)
내가 눈을 감거들랑 봉기(내 아들) 오지 마라
너희 식구 다 오지 마라